DE FUSILAMIENTOS Y OTRAS NARRACIONES

LECTURAS 17 MEXICANAS

Lecturas Mexicanas divulga en ediciones de grandes tiradas y precio reducido, obras relevantes de las letras, la historia, la ciencia, las ideas y el arte de nuestro país.

JULIO TORRI

De fusilamientos

y otras narraciones

María Kabela

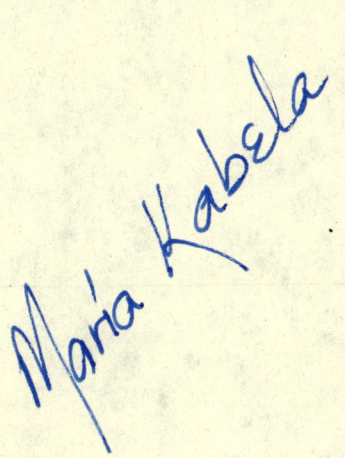

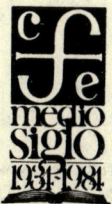

Secretaría de Educación Pública
CULTURA SEP

Primera edición (Letras Mexicanas), 1964
Primera edición en Lecturas Mexicanas, 1984

D. R. © 1964, Fondo de Cultura Económica
Av. de la Universidad 975; 03100 México, D. F.

ISBN 968-16-1600-6

Impreso en México

I
Ensayos y poemas

A CIRCE

¡Circe, diosa venerable! He seguido puntualmente tus avisos. Mas no me hice amarrar al mástil cuando divisamos la isla de las sirenas, porque iba resuelto a perderme. En medio del mar silencioso estaba la pradera fatal. Parecía un cargamento de violetas errante por las aguas.

¡Circe, noble diosa de los hermosos cabellos! Mi destino es cruel. Como iba resuelto a perderme, las sirenas no cantaron para mí.

EL MAESTRO

> ...*Royal Lear,*
> *Whom I have ever honour'd as my king,*
> *Lov'd as my father, as my master follow'd*
> *As my great patron thougt on in my prayers...*
> SHAKESPEARE

Con el crear, es el enseñar la actividad intelectual superior. Se trata, seguramente, de una forma más humilde que la otra, puesto que no realiza y prepara sólo a realizaciones ajenas. Pero implica, sin duda, la afirmación más enfática de la comunidad espiritual de la especie.

La facultad creadora florece rara y maravillosamente. Cuando el artista flaquea, entrega sus armas a sus hermanos, en la más heroica de las acciones humanas.

Crear y enseñar son actividades en cierto sentido antitéticas. La parábola de Wilde, del varón que perdió el conocimiento de Dios y obtuvo en cambio el amor de Dios, tiene una exacta aplicación en arte.

Todos apetecemos oír el mensaje que trae nuestro amigo; pero éste olvidará las palabras sagradas, si se sienta a nuestra mesa, comparte nuestros juegos y se contamina de nuestra baja humanidad, en vez de recluirse en una alta torre de individualismo y extravagancia. En cambio de las voces misteriosas cuyo eco no recogió, ofreccrá a la especie un rudo sacrificio: la mariposa divina perderá sus alas, y el artista se tornará maestro de jóvenes.

EL MAL ACTOR DE SUS EMOCIONES

Y llegó a la montaña donde moraba el anciano. Sus pies estaban ensangrentados de los guijarros del camino, y empañado el fulgor de sus ojos por el desaliento y el cansancio.

—Señor, siete años ha que vine a pedirte consejo. Los varones de los más remotos países alababan tu santidad y tu sabiduría. Lleno de fe escuché tus palabras: "Oye tu propio corazón, y el amor que tengas a tus hermanos no lo celes." Y desde entonces no encubría mis pasiones a los hombres. Mi corazón fue para ellos como guija en agua clara. Mas la gracia de Dios no descendió sobre mí. Las muestras de amor que hice a mis hermanos las tuvieron por fingimiento. Y he aquí que la soledad obscureció mi camino.

El ermitaño le besó tres veces en la frente; una leve sonrisa alumbró su semblante, y dijo:

—Encubre a tus hermanos el amor que les tengas y disimula tus pasiones ante los hombres, porque eres, hijo mío, un mal actor de tus emociones.

DEL EPÍGRAFE

El epígrafe se refiere pocas veces de manera clara y directa al texto que exorna; se justifica, pues, por la necesidad de expresar relaciones sutiles de las cosas. Es una liberación espiritual dentro de la fealdad y pobreza de las formas literarias oficiales, y deriva siempre de un impulso casi musical del alma. Tiene aire de familia con las alusiones más remotas, y su naturaleza es más tenue que la luz de las estrellas.

A veces no es signo de relaciones, ni siquiera lejanas y quebradizas, sino mera obra del capricho, relampagueo dionisíaco, misteriosa comunicación inmediata con la realidad.

El epígrafe es como una lejana nota consonante de nuestra emoción. Algo vibra, como la cuerda de un clavicordio a nuestra voz, en el tiempo pasado.

LA CONQUISTA DE LA LUNA

>   ...Luna,
> Tú nos das el ejemplo
> De la actitud mejor...

Después de establecer un servicio de viajes de ida y vuelta a la Luna, de aprovechar las excelencias de su clima para la curación de los sanguíneos, y de publicar bajo el patronato de la Smithsonian Institution la poesía popular de los lunáticos (*Les Complaintes* de Laforgue, tal vez) los habitantes de la Tierra emprendieron la conquista del satélite, polo de las más nobles y vagas displicencias.

La guerra fue breve. Los lunáticos, seres los más suaves, no opusieron resistencia. Sin discusiones en cafés, sin ediciones extraordinarias de *El matiz imperceptible*, se dejaron gobernar de los terrestres. Los cuales, a fuer de vencedores, padecieron la ilusión óptica de rigor —clásica en los tratados de Físico-Historia— y se pusieron a imitar las modas y usanzas de los vencidos. Por Francia comenzó tal imitación, como adivinaréis.

Todo el mundo se dio a las elegancias opacas y silenciosas. Los tísicos eran muy solicitados en sociedad, y los moribundos decían frases excelentes. Hasta las señoras conversaban intrincadamente, y los reglamentos de policía y buen gobierno estaban escritos en estilo tan elaborado y sutil que eran incomprensibles de todo punto aun para los delincuentes más ilustrados.

Los literatos vivían en la séptima esfera de la insinuación vaga, de la imagen torturada. Anunciaron los críticos el retorno a Mallarmé, pero pronto salieron de su error. Pronto se dejó también de escribir porque la literatura no había sido sino una imperfección terrestre anterior a la conquista de la Luna.

LA OPOSICIÓN DEL TEMPERAMENTO ORATORIO Y EL ARTÍSTICO

I don't consider human volcanoes respectable.
George Bernard Shaw: *Overruled*

Permitidme que dé rienda suelta a la antipatía que experimento por las sensibilidades ruidosas, por las naturalezas comunicativas y plebeyas, por esas gentes que obran siempre en nombre de causas vanas y altisonantes. (Sin duda recordáis al detestable marido de Cándida.) Los oradores tienen, a mi ver, cierta incapacidad natural para entender y crear las más agudas y extrañas obras de arte. Casi todos son vanidosos, o por lo menos, la oratoria es profesión de éxitos inmediatos (y efímeros, desde que existe la taquigrafía). Se hallan de este modo demasiado sujetos al público, el cual nunca puede ser un útil colaborador del artista. Las más exquisitas formas de arte requieren para su producción e inteligencia algún alejamiento del vulgo. Movimiento tan importante como el prerrafaelismo inglés y el simbolismo francés han sido obra de recogimiento y recibidos con dilatados periodos de incomprensión.

El orador no lee desinteresadamente: su único afán es hallar buenas frases que citar después. Carece, aunque os diga lo contrario, de preferencias en libros, de devociones. Se embriaga de entusiasmo demasiado pronto y pierde así toda buena disposición espiritual para salir de sí mismo, la casi femenina pasividad que necesita el acto de la comprensión. Su arrebato, su facilidad para escalar súbitamente las más altas cumbres de la pasión no hacen de él, tampoco, un crítico estimable en letras. Nuestros amigos de temperamento oratorio tienen, en términos muy breves, alternativas lamentables en sus juicios. A cada hora, como por mecanismo de manivela, mudan sus opiniones Hoy prefieren a Dante; mañana a Petrarca. A todos los grandes autores consagrados les llega su turno. Inútil me parece decir que jamás adquieren de un escritor cualquiera ese conocimiento profundo que se convierte en carne y sangre de uno, y que trasciende aun a los ademanes y gestos habituales.

LA VIDA DEL CAMPO

> *Est-ce que l'âme des violoncelles est emportée dans le cri d'une corde qui se brise?*
>
> Villiers de l'Isle Adam: V*éra*

Va el cortejo fúnebre por la calle abajo, con el muerto a la cabeza. La mañana es alegre y el sol ríe con su buen humor de viejo. Precisamente del sol conversan el muerto y un pobrete —acaso algún borracho impenitente— que va en el mismo sentido que el entierro.

—Deploro que no te calientes ya a este buen sol, y no cantes tus más alegres canciones en esta luminosa mañana.

—¡Bah! La tierra es también alegre y su alegría, un poco húmeda, es contagiosa.

—Siento lástima por ti, que no volverás a ver el sol: ahora fuma plácidamente su pipa como el burgués que a la puerta de su tienda ve juguetear a sus hijos.

—También amanece en los cementerios, y desde las musgosas tapias cantan los pinzones.

—¿Y los amigos que abandonas?

—En los camposantos se adquieren buenos camaradas. En la pertinaz llovizna de diciembre charlan agudamente los muertos. El resto del año atisban desde sus derruidas fosas a los nuevos huéspedes.

—Pero...

—Algo poltrones, es verdad. Rara vez abandonan sus lechos que han ablandado la humedad y los conejos.

—Sin embargo...

—La vida del campo tiene también sus atractivos.

EN ELOGIO DEL ESPÍRITU
DE CONTRADICCIÓN

A Pedro Henríquez Ureña

Confieso que el espíritu de contradicción no me irrita al punto y medida que al común de los hombres.

Si una persona nos contradice siempre es porque existe en ella una oculta aversión hacia nosotros, una de esas simpatías imperfectas que tan clara y sutilmente señaló el ensayista Lamb.

Quien no experimente la tiranía de un insensato deseo de tener en todo razón, que reconozca conmigo los derechos y fueros del contradictor sistemático. Estriban en la ventaja y superioridad que tiene lo que se edifica sobre lo puramente instintivo a lo que se pone sobre el fundamento de lo racional. Porque antes de admitir las argumentaciones ajenas debemos admitir nuestras propias afecciones, las secretas inclinaciones de nuestro ánimo, que están más cerca de nosotros que todo lo que construya nuestra razón, ya que ellas son nuestra propia esencia. Creo, finalmente, que la antipatía instintiva que supone el espíritu de contradicción debe ser tan respetable a nuestros ojos como los mejores argumentos y las razones de más subidos quilates, por lo menos.

El que a todo se opone es un hombre orgulloso que no quiere abajarse a reconocer que la verdad de los demás es también su verdad. Y todo acto de individualismo, por feroz que parezca o sea, nos debe ser acepto en los tiempos pos-nietzscheanos en que tenemos la ventura de vivir.

El menosprecio con que suele mirarse a los que contradicen siempre y al espíritu de contradicción mismo —como si éste pudiera existir en abstracto y no con consideración a determinadas personas— proviene de que se les mira desde el punto de vista de la sociabilidad, punto de vista mezquino y despreciable.

—Con una persona que todo lo limita con peros y sin embargos, y que ninguna verdad, por palmaria que sea, admite, como no salga de sus propios labios, no se puede conversar largo rato.

En estos o parecidos términos oímos expresarse a menudo a nuestros amigos.

De cierto, si la sociabilidad descendiera del Olimpo donde moran las ideas puras, y viniera a pedirnos cuentas, en mayor apuro se vería el contradicho que el contradicente. El trato se vuelve difícil y escabroso, no por culpa de este último —que lo quiere establecer sobre la más pura sinceridad— sino a causa del primero que procura asentarlo en el movedizo terreno de la complacencia y de las concesiones mutuas y no sobre la base de verdad en que debe ponerse todo trato entre hombres.

Además, si no soportamos vernos contradichos y nuestro humor se enturbia con una oposición constante a lo que decimos, es porque estamos lejos de ser los perfectos espectadores de la vida que nos hemos complacido en imaginar. Una simple obstinación de los demás, la más leve terquedad ajena, nos sacan de quicio, y nuestra calma y la serenidad cuasi-goetheana que presumimos tener desaparecen como por arte de encantamiento. A causa de nuestra vivacidad de humor se nos escapa de entre las manos la ocasión de gustar espectáculos interesantes. Nos aferramos en defender una proposición a cambio del trato de gentes que contradicen siempre, es decir, perdemos monedas de oro para ganarlas de metales viles.

La contradicción continua es efecto de la antipatía instintiva. Ahora bien, el mundo, nuestro mundo, se compone de gentes que nos tienen una suave inclinación, por virtud de la cual están bien dispuestas para nosotros. Y esa tibia simpatía en que vivimos falsea el concepto que nos vamos formando de la vida a medida que la vamos viviendo. Existe una suerte de contrato social tácito en fuerza del cual nos toleramos, nos engañamos y nos aburrimos mutuamente. Por desgracia, en nuestra época es más difícil inspirar una aversión confortativa que ganar media docena de amigos. Sin que haya de nuestra parte la más leve intención, contraemos los más estrechos vínculos con quienes caminan cerca de nosotros. Llegamos al matrimonio sin haber sido apenas consultados. Y muchos nos conceden a la ligera y gratuitamente el título de sus mejores amigos, título que por cierto nos impone los más insuaves deberes. Por ejemplo, si se muere gloriosamente en la horca, toca al "mejor amigo" recoger las últimas frases y pagar las cuentas póstumas. Y es también el "mejor amigo" quien pronuncia la oración fúnebre, y como sabéis, nada influye tan directamente en la reputación definitiva como unas exequias lucidas.

¿Cómo, pues, no hemos de regocijarnos cuando damos en nuestra senda con un hombre honrado que contradice a todo propósito?

La paradoja, a cuyo ruido de cascabeles empiezan a acostumbrarse nuestros oídos, es la traza más segura para descubrir contradictores. Lanzad cualquiera de las paradojas más usadas y veréis una legión de hombres indignados que os enseñan los dientes y amenazan con los puños. Proseguid en el tono más inocente elogiando las peores cosas y rebajando las más respetables. Al fin habréis conseguido suscitar una antipatía verdadera.

Apartaos entonces con vuestro hombre, porque la gente, en su amabilidad oficiosa, podría disponerlo en favor vuestro. Después conversad con él de lo que os plazca: contad de antemano con su oposición firme y bien intencionada. Comenzaréis desde luego a pensar de nuevo todos vuestros problemas, a reconstruir vuestra verdad, y a rectificaros vosotros mismos. La excitación exterior a la duda cartesiana, a prescindir en cualquier momento de todo cuanto se sabe y se ha adquirido, es, en efecto, el inestimable beneficio que nos procura el espíritu de contradicción.

Para mal nuestro, es difícil sostenerlo por largo tiempo en nuestro interlocutor. Aun en punto de intereses pecuniarios se acaba tarde o temprano por ponerse de acuerdo. Nuestro planeta fue hecho para quienes asienten, conceden y toleran. Los que contradicen no son de este mundo.

Y cuando las gentes están conformes absolutamente en todas las cuestiones discutibles y opinables con el resto del mundo civilizado y por civilizar, emplean sus esfuerzos en avenir a Moisés con Hammurabi, a los modernos con los griegos, a Nezahualcóyotl con Horacio. Este devaneo de querer concordarlo todo a través del tiempo y del espacio prevalece en la crítica literaria del día, en cuyo reino todo es influencia.

DE UNA BENÉFICA INSTITUCIÓN

Me agradan sobremanera los embustes y admiro la rara perfección que en este arte han alcanzado los norteamericanos.

Y cuando topo con eruditos ignorados, con poetas sin leyenda y sin empresario, lamento de corazón que no se sepa aquí de la empresa comercial de Nueva York que por poco dinero suministra aventuras a hombres indolentes o cobardes.

¡Cuántas veces por falta de oportunas disputas conyugales, de una miserable tentativa de suicidio, o de viajes extraordinarios por el Mar Rojo, perdemos nuestros mejores derechos a la gloria, y la flamante colección de nuestras obras completas padecen injustamente los rigores del tiempo en una doncellez inútil, como nuestras tías abuelas!

DE FUNERALES

Hoy asistí al entierro de un amigo mío. Me divertí poco, pues el panegirista estuvo muy torpe. Hasta parecía emocionado. Es inquietante el rumbo que lleva la oratoria fúnebre. En nuestros días se adereza un panegírico con lugares comunes sobre la muerte y ¡cosa increíble y absurda! con alabanzas para el difunto. El orador es casi siempre el mejor amigo del muerto, es decir, un sujeto compungido y tembloroso que nos mueve a risa con sus expresiones sinceras y sus afectos incomprensibles. Lo menos importante en un funeral es el pobre hombre que va en el ataúd. Y mientras las gentes no acepten estas ideas, continuaremos yendo a los entierros con tan pocas probabilidades de divertirnos como a un teatro.

BEATI QUI PERDUNT...!

Ssyl'conortan, non lo sanan al doliente los joglares.

Arcipreste de Hita

Las cosas que vemos siempre, llegan a ser para nosotros una obsesión, una pesadilla. Afean nuestra vida, sin que nos demos cuenta de ello. Nuestro espíritu vive sólo dentro de la variedad infinita. Lo que lo fija en alguna impresión que se repite, lo daña gravemente. Viajar sin cesar, he aquí lo que quiere la parte más ágil de nuestra alma.

Renuncio a interpretar el instinto de conservación en los animales; pero en los hombres lo atribuyo a un sentimiento profundo de curiosidad.

Nos interesamos en el vivir como por el desarrollo de una novela; novela singular en la que el protagonista y el lector son una misma persona; novela que leemos a veces de mala gana, y cuya narración se anima muy de tarde en tarde.

Si nos mueve únicamente un interés estético, sentiremos acabar el libro de nuestros días sin haber hallado en él algo importante; y si nos sobreviene un desastre, si fracasamos, una estrecha lógica de novelista impondrá el suicidio.

¿Qué será de nosotros dentro de veinte años? ¿Con quién nos casaremos? Cualquier mudanza en el cuadro gris de nuestra existencia nos produce un goce intenso. Se trata de algo que ha dado inesperadamente interés a la novela de cuya lectura no podemos escapar.

Todos somos un hombre que vive y un hombre que mira; y cuando nuestra existencia corre acompasada por el cauce de una larga condena o de un matrimonio feliz, el espectador se aburre y piensa en abandonar la sala por la puerta del suicidio.

En los indolentes y que no gustan de la acción, el espectador es un melancólico personaje, ennoblecido por un aire perenne de destierro; en todos nosotros prueba ser de humor versátil y lleno de inhumanidad. Su carencia de sentimientos morales es en verdad irritante; y nadie sino él califica de magníficos un incendio y un descarrilamiento, y de despreciable, un percance de ciclista. La urgencia con que reclama nuevas diversiones y la insensibilidad para el dolor ajeno son sus cualidades distintivas. Es difícil de contentar y su desabrimiento parece provenir de haber encarnado en un cuerpo lleno de pesadez y sujeto a las leyes de la materia.

El actor es siempre esclavo del espectador y en los hombres extravagantes esta esclavitud se vuelve tiránica. Representa el actor en nosotros la pequeña sabiduría y le mueven exclusivamente bajos intereses: sólo entiende de ganar la vida, de evitar el dolor, de amar la comodidad, de seguir la línea de menor resistencia. Cuando perdemos un libro, los guantes, el reloj, se lamenta amargamente. El espectador, al revés, piensa ante toda pérdida en variar el mobiliario, en renovar la biblioteca, en hacer nuevas compras. Para él perder es como abrir una ventana a las sorpresas.

¡Tener inesperadamente ocasión de ir de compras! He aquí el ejercicio de nuestra libertad que más sutiles goces nos proporciona! Las mujeres —de sensibilidad menos enervada que la nuestra— tiene sobre esta materia opiniones muy exactas. Interrogaréis siempre con provecho a vuestras hermanas, a vuestra esposa, a vuestras hijas, acerca de la deleitosa ocupación de comprar especialmente cosas inútiles.

Son las señoras también a quienes más frecuentes pérdidas de objetos ocurren; y algún suspicaz barruntará que no todo es consecuencia de la mala memoria o del adverso azar, sino que tiene parte la consideración de nuevas compras.

A veces apetecemos perder algún utensilio o prenda, maltratados del uso, para tener oportunidad de sustituirlos con otros flamantes. Y con todo, no nos resolvemos a perderlos voluntariamente, sino que esperamos de la casualidad un signo aprobatorio para nuestro deseo. Así es de rica en matices la facultad de querer.

Y cuando oímos que alguien se queja de carecer de trajes nuevos o de poseer una edición incompleta de cualquier autor —siguiendo una provechosa costumbre del delicioso Sterne— traducimos mentalmente así estas querellas:

—Lo que anhelas es ir de sastrería en sastrería y por las tiendas de libros a escuchar plácidas disertaciones sobre las propiedades de las telas, o a acrecentar indefinidamente tus conocimientos en bibliografía. A la postre adquirirás nuevos trajes o una preciosa colección de obras completas que envejecerán pronto y se convertirán entonces en instrumentos de delicadas torturas psicológicas.

¡Si los ladrones fueran más razonables y menos petulantes...!

Para quienes reducen la moral a una simple cuestión de buen gusto ("estética de las costumbres", la llamó Fouillée), nuestra vida es una obra de arte que trabajamos incesantemente. Los que se guían por los preceptos de una moral de abstenciones obran arte académico. Los que carecen de principio ético alguno, y viven en las mayores contradicciones y alternativas, son artistas románticos.

Goethe hizo con su vida un mármol antiguo, la estatua de Zeus, el padre de los dioses.

Sensibles a la belleza de toda acción o actitud, descubren elegancias inauditas en el acto de renunciar, en abandonar toda disposición de defensa o lucha. Entonces las pérdidas irreparables arrebatan el ánimo; su influjo, el aura de insólita idealidad que prestan por breve tiempo, hacen que las gentes distinguidas pongan grande estudio en alcanzarlas.

Su rareza (ya que sólo disfrutamos de escaso número de personas y cosas irreemplazables) las dota de singular atractivo.

Es difícil conocerlas: a un hombre cuya mujer ha muerto, le oímos decir que ha tenido una pérdida irreparable; y sin embargo, pronto contrae nuevo casamiento. Alguien se empobrece rápidamente: se empeña en convencer a todos que no ha perdido nada y muestra una alegría demasiado ruidosa; ha perdido, con todo, algo irreparable.

El rústico a quien hurtan su asno; el bibliófilo a quien despojan de su incunable; el académico en cuyas obras aparece inesperadamente un solecismo; el galanteador de profesión, atrapado en las redes femeninas y conducido a la vicaría; el corsario byroniano que acepta una cátedra de geografía en alguna universidad norteamericana, pierden algo irreparable. No seré yo quien forme la lista de estas pérdidas, catálogo de las flaquezas humanas, de las mil formas de ese extraño espejismo —de esa rebelde falacia en que consiste la voluntad de poseer.

Quede tan laboriosa empresa para algún ingenio español, del temple de aquel del Renacimiento, que escribió "La primera Parte de las Diferencias de Libros que hay en el Universo".

No intento tampoco señalar la naturaleza de lo bello;

nunca he osado llegar en mis divagaciones hasta el recinto de las ideas puras; sólo quiero referirme aquí a que lo irreparable decora extrañamente la vida. Vivimos plenamente —con todo nuestro espíritu— ese momento en que nuestra nave toma nuevo rumbo. Como el viejo Kent,

He'll shape his old course in a country new.

Se sufre con las pérdidas de este carácter como una transfiguración: de súbito se borra hasta la sombra de nuestras últimas flaquezas; y se experimenta ante los propios ojos como una purificación total del ser. Se fortifica y aguza extraordinariamente el sentido de nuestro decoro de hombres, y aun a los más viles desciende una luz de perfección que los transfigura e idealiza.

Todos tenemos asentado nuestro bienestar en pocas cosas: dinero, posición social, etc. Cualquiera de estas pérdidas es irreparable. Cada individuo tiene sus bienes insustituibles: uno, sus amigos; otro, su reputación literaria, el irresistible "cher maître" que le prodigan en todas partes; una solterona, su loro; los viejos, sus costumbres; Peter Schlemihl, su sombra.

Quien no pierde en las mayores desgracias su ecuanimidad, la atormentada curiosidad por su propia vida, es realmente un hombre superior. El interés estético por nuestros sucesos decora las más altas cumbres del esfuerzo. Sólo la conservación en nosotros del "hombre que mira" cuando se consuma el aniquilamiento del "hombre que obra" indica que estamos por encima de nuestra ruina, que no hemos perdido el equilibrio interior. Fracasad en absoluto; perdedlo todo de una vez; y os sentiréis de modo imprevisto más fuertes que nunca. Nuestra especie tiene inagotables reservas de heroísmo: donde nos parece que se acaba la resistencia humana hallamos nuevas fuerzas.

Mirad la grandeza trágica de los héroes que perdieron su salvación eterna. Don Juan desciende a los infiernos; el llanto penetrante de sus víctimas se eleva hacia los cielos sombríos. Elvira, casta y endeble, reclama una última sonrisa.

Tout droit dans son armure, un grand homme de pierre
Se tenait a la barre et coupait le flot noir;
Mais le calme héros, courbé sur sa rapière,
Regardait le sillage et ne daignait rien voir.

El caballero Tannhäuser que quería ver maravillas, y que fue el último mortal que amaron las diosas, vuelve de Roma, donde el Papa Urbano —con un extremado celo por el bien de las almas— le condenó al dolor eterno. Pensando en los ojos de Dama Venus, en los que fulgura el fuego del infierno, se encamina al Venusberg. Después se despide de Nuestra Señora, y sublimado por el prestigio de su pérdida eterna, penetra en la montaña.

Wagner se apiadó de Tannhäuser y le hizo subir al paraíso; y Bernard Shaw pone a don Juan en un infierno sin torturas. El poeta popular alemán del siglo XVI y el donoso mercenario español fueron menos complacientes con sus héroes y mostraron saber de los milagrosos efectos estéticos que obran las pérdidas irreparables.

Las mujeres prefieren al amante que puede perderse. Rara vez aman al compañero de juegos de la infancia, al amigo de la familia, al hombre que no corre peligro de irse. Si se desposan con él, antes fracasaron con el intento de ganar, de conquistar, de detener un enamorado.

La actitud de indiferencia —de no estar dispuesto a hacer algo por ser conservado— es intolerable, irritante para las mujeres.

En la terrible complicación del mundo somos unidos y

desunidos al azar; y si nada ostensible hacemos por no alejarnos de la amada, ésta toma la iniciativa. La mujer posee una aguda percepción de la belleza que reside en el abandono a la fatal corriente de las cosas.

El perder amigos no carece por cierto de alicientes.

En la amistad hay por lo común dos períodos. En los primeros meses, la conversación es venero de gratísimos entretenimientos. Cada vez se descubren nuevas conformidades de pensamiento y se establece una corriente de secretas afinidades. Las experiencias del uno son nuevas para el otro, y la curiosidad de ambos encuentra apacible regalo en las confidencias mutuas.

Pero llega un día en que nuestro amigo no nos guarda ya sorpresas. Tenemos una clarísima visión de su vida, y nos parece como si la hubiéramos incorporado a la nuestra. Donde nos hallamos, está él presente en espíritu; y en su ausencia tenemos mil pensamientos que seguramente le hubieran ocurrido, a estar al lado nuestro. La amistad deja de ser en este punto fuente de pasatiempo y risas y se torna en cosa más duradera y firme. Nuestro amigo se ha convertido en algo familiar y molesto, de que no podremos ya prescindir. Perderlo en esta época es perder irreparablemente y para tal aflicción las alquitaras de la ideología no destilan bálsamo eficaz.

Pero podemos soportar con demasiada resignación la pérdida de otra suerte de amigos, y aun sentir como un alivio, como un descanso. Los hay que nos entretienen, nos divierten, pero que no llegamos a amar. Y el día que desaparecen, lo lamentamos públicamente, acaso creamos nosotros mismos echarlos de menos; pero, en verdad, experimentamos una satisfacción profunda.

Y es que la sociabilidad exige también sus sacrificios. Cada persona que tratamos promueve en nosotros una especial actitud de espíritu: sólo de reducido número de asuntos sin importancia puede departirse, por ejemplo, sin descender del terreno de las concesiones mutuas y la cortesía excesiva de los insociables. Delante de ciertos sujetos no nos mostramos plenamente; son una limitación al libre desenvolvimiento de nuestro ser.

Perder viejos amigos íntimos es un punzante dolor que dura siempre.

> *J'avais en effet, en toute sincerité d'esprit, pris l'engagement de le rendre a son état primitif de fils du soleil, et nous errions, nourris du vin des Palermes et du biscuit de la route, moi pressé de trouver le lieu et la formule.*
>
> Rimbaud

Caminaba por la calle silenciosa de arrabal, llena de frescos presentimientos de campo. En un ambiente extraterrestre de madrugada polar, la cúpula de azulejos de Nuestra Señora del Olvido brillaba a la luna con serenidad extraña y misteriosa. No sé en qué pensaba, ni siquiera si pensaba. Las inquietudes se habían adormecido piadosamente en mi corazón.

En los tiestos las flores parecían como alucinadas en el extrañísimo matiz de la Luna, y recibían las caricias del rocío, amante tímido y casto. ¡Madrugada sin revuelos de pájaros blancos, sin alucinaciones, sin música de órgano!

¿Por qué no me evadí entonces de la Realidad? ¡Hubiera sido tan fácil! ¡Ningún ojo sofisticado me acechaba! ¡Ninguna de las once mil leyes naturales se hubiera ofendido! ¡Mr. David Hume dormía profundamente desde hacía cien años!

EL ENSAYO CORTO

El ensayo corto ahuyenta de nosotros la tentación de agotar el tema, de decirlo desatentadamente todo de una vez. Nada más lejos de las formas puras de arte que el anhelo inmoderado de perfección lógica. El afán sistematizador ha perdido todo crédito en nuestros días, y fuera tan ocioso embestirle aquí ahora, como decir mal de la hoguera en una asamblea de brujas.

No es el ensayo corto, sin duda alguna, la más adecuada expresión literaria ni aun para los pensamientos sin importancia y las ideas de más poca monta. Su leve contenido de apreciaciones fugaces —en que no debemos detener largo tiempo la atención so pena de dañar su delicada fragancia— tiene más apropiada cabida en el cuerpo de una novela o tratado; de la misma manera que un rico sillón español del siglo XVI estaría mejor, sin disputa, en una sala amueblada al desolado gusto de la época, que en el saloncito *bric-à-brac* en que departimos de la última comedia de Shaw, mientras fumamos cigarrillos y bebemos whisky y soda. A pesar de todo, el *bric-à-brac* hace vacilar aún a las cabezas más firmes.

Es el ensayo corto la expresión cabal, aunque ligera, de una idea. Su carácter propio procede del don de evocación que comparte con las cosas esbozadas y sin desarrollo. Mientras menos acentuada sea la pauta que se impone a la corriente loca de nuestros pensamientos, más rica y de más vivos colores será la visión que urdan nuestras facultades imaginativas.

El horror por las explicaciones y amplificaciones me parece la más preciosa de las virtudes literarias. Prefiero el enfatismo de las quintas esencias al aserrín insustancial con que se empaquetan usualmente los delicados vasos y las ánforas.

El desarrollo supone la intención de llegar a las multitudes. Es como un puente entre las imprecisas meditaciones de un solitario y la torpeza intelectiva de un filisteo. Abomino de los puentes y me parece, con Kenneth Grahame, que "fueron hechos para gentes apocadas, con propósitos y vocaciones que imponen el renunciamiento a muchos de los mayores placeres de la vida". Prefiero los saltos audaces y las cabriolas que enloquecen de contento, en los circos, al ingenuo público del domingo. Os confieso que el circo es mi diversión favorita.

LA BALADA DE LAS HOJAS MÁS ALTAS

A Enrique González Martínez

Nos mecemos suavemente en lo alto de los tilos de la carretera blanca. Nos mecemos levemente por sobre la caravana de los que parten y los que retornan. Unos van riendo y festejando, otros caminan en silencio. Peregrinos y mercaderes, juglares y leprosos, judíos y hombres de guerra: pasan con presura y hasta nosotros llega a veces su canción.

Hablan de sus cuitas de todos los días, y sus cuitas podrían acabarse con sólo un puñado de doblones o un milagro de Nuestra Señora de Rocamador. No son bellas sus desventuras. Nada saben, los afanosos, de las matinales sinfonías en rosa y perla; del sedante añil del cielo, en el mediodía; de las tonalidades sorprendentes de las puestas del sol, cuando los lujuriosos carmesíes y los cinabrios opulentos se disuelven en cobaltos desvaídos y en el verde ultraterrestre en que se hastían los monstruos marinos de Böcklin.

En la región superior, por sobre sus trabajos y anhelos, el viento de la tarde nos mece levemente.

DE LA NOBLE ESTERILIDAD
DE LOS INGENIOS

> ...*et néanmoins il n'a jamais réussi a rien, parce qu'il croyait trop a l'impossible.*
>
> BAUDELAIRE

PARA el vulgo sólo se es autor de los libros que aparecen en la edición definitiva. Pero hay otras obras, más numerosas siempre que las que vende el librero, las que se proyectaron y no se ejecutaron; las que nacieron en una noche de insomnio y murieron al día siguiente con el primer albor.

El crítico de los ingenios estériles —ilustre profesión, a fe mía— debe evocar estas mariposas negras del espritu y representarnos su efímera existencia. Tienen para nosotros el prestigio de lo fugaz, el refinado atractivo de lo que no se realiza, de lo que vive sólo en el encantado ambiente de nuestro huerto interior.

Los escritores que no escriben —Rémy de Gourmont ensalzó esta noble casta— se llevan a la penumbra de la muerte las mejores obras, las que están impregnadas de tan agudo sentido de la belleza que no las hubiera estimado tal vez la opinión, ni entendido acaso los devotos mismos.

Se escribe por diversos motivos; con frecuencia, por escapar a las formas tristes de una vida vulgar y monótona. El mundo ideal que entonces creamos para regalo de la inteligencia, carece de leyes naturales, y las montañas se deslizan por el agua de los ríos, o éstos prenden su corriente de las altas copas de los árboles. Las estrellas se pasean por el cielo en la más loca confusión y de verlas tan atolondradas y alegres los hombres han dejado de colgar de ellas sus destinos.

Evadirnos de la fealdad cotidiana por la puerta de lo absurdo: he aquí el mejor empleo de nuestra facultad creadora. Los que no podemos inventar asuntos, nos encaramamos en los zancos de la ideología estéril, y forjando teorías sobre la forma de las nubes o enumerando las falacias populares que contiene la cabeza de un periodista, empleamos la vida que no consumió la acción.

¡Si fuéramos por ventura de la primera generación literaria de hombres, cuando florecían en toda su irresistible virginidad aun los lugares comunes más triviales!

ERA UN PAÍS POBRE

...even supposing that history were, once in a way, no liar, could it be that...

KENNETH GRAHAME

ERA UN país pobre, como tantos otros de que guarda siempre confuso recuerdo el viajero impenitente. La exportación se reducía a pieles de camello, utensilios de barro, estampas devotas y diccionarios de bolsillo. Ya adivinaréis que se vivía por completo de géneros y efectos traídos de otras naciones.

A pesar de la escasa producción de riquezas sobrevino un período de florecimiento artístico. Si sois profesores de literatura, os explicaréis el hecho fácilmente.

Aparecieron muchos poetas, de los cuales uno era idílico, lleno de ternura y sentido de la naturaleza y también muy poseído de la solemne misión de los bardos; y otro, satánico —verdadera *bête noire* de cierta crítica mojigata—, a quien todas las señoras deseaban conocer, y que en lo personal era un pobre y desmedrado sujeto. Hubo también incontables historiadores: uno de ellos, medioevalista omnisciente, aunaba del investigador impecable y del sintetizador amenísimo; otros eran concienzudos y prolijos, o elegantes y de doctrina cada vez más sospechosa.

La crítica literaria prosperaba con lozanía. Además de los tres o cuatro inevitables retrasados, que censuraban por sistema cuanto paraba en sus manos y que sin fruto predicaban el retorno a una época remota de mediocridad académica, había escritores eruditos e inteligentes que justificaban, ante una opinión cada vez más interesada, los caprichos y rarezas de los hombres de gusto.

La novela, el teatro, el ensayo adquirían inusitado vigor.

Después de los dioses mayores venía la innumerable caterva de los que escriben alguna vez, de los literatos sin letras, de los poetas que cuentan más como lectores, y cuyos nombres se confunden (en la memoria de cualquiera de nosotros, harto recargada de cosas inútiles), con los que vemos a diario en los rótulos de la calle.

Los extranjeros comenzaron a interesarse por este renacimiento de las artes, del que tuvieron noticias por incontables traducciones, algunas infelicísimas aunque a precios verdaderamente reducidos. Entonces se notó por primera vez un curioso fenómeno, muy citado en adelante por los tratadistas de Economía Política: el apogeo literario producía una alza de valores en los mercados extranjeros.

¡Qué sorpresa para los hombres de negocios! ¡Quién iba a sospechar que los libros de versos y embustes poseyeran tan útiles virtudes! En fin, la ciencia económica abunda en ironías y paradojas. Había que aprovechar desde luego esta nueva fuente de riquezas.

Se dictó una ley que puso a la literatura y demás artes bajo la jurisdicción del ministro de las finanzas. Los salones (bien provistos por cierto de impertinencia femenina), las academias, los cenáculos, todo fue reglamentado, inspeccionado y administrado.

Los hombres graves, los hombres serios protegían sin rubor las artes. En la Bolsa se hablaba corrientemente de realismo e idealismo, de problemas de expresión, de las Memorias de Goethe y de los *Reisebilder* de Heine.

El ministro de las finanzas presentaba por Navidad al Parlamento un presupuesto de la probable producción literaria del año siguiente: tantas novelas, tantos poemas... se restablece el equilibrio en favor de los géneros en prosa con cien libros de historia. Las mayorías gubernamentales estaban por los géneros en prosa, mientras que las izquierdas de la oposición exigían siempre mayor copia de versos.

Las acciones y géneros subían siempre en las cotizaciones de las bolsas. La moneda valía ya más que la libra esterlina, a pesar de que años antes se codeaba con el reis de Portugal en las listas de los mercados. A cada nuevo libro correspondía una alza, y aun a cada buena frase y a cada verso noble. Si había una cita equivocada en este tratado o en aquel prólogo, los valores bajaban algunos puntos.

El costo de la vida humana había descendido al límite de lo posible. Todas las despensas estaban bien abastecidas. Humeaban los pucheros de los aldeanos y el vino tierno henchía alegremente las cubas. Las señoras ya no hablaban de carestía, sino de sus alacenas bien repletas de holandas y brocados, de sus tarros de confituras y conservas, de sus arquillas que guardaban lucientes cintillos y pedrerías deslumbradoras.

Pero un día ocurrió una catástrofe. Bruscamente descendió la moneda muchos puntos en las cotizaciones. Pasaron semanas y el descenso continuó: no se trataba, pues, de un golpe de Bolsa.

¿Qué había sucedido? Todos se lo preguntaban en vano. Las señoras atribuían el desastre a la mala educación de las clases inferiores y al escote excesivo que impuso la moda aquel invierno.

La causa sin duda había de ser literaria. Sin embargo, los cenáculos, ateneos y todo el complicado mecanismo literario-burocrático seguía funcionando a maravilla. Nadie había salido de su línea.

Ordenóse una minuciosa investigación; los mejores críticos fueron encargados de llevarla a buen fin. **En realidad, nunca se llegó a saber la razón de aquella catástrofe financiera.**

El dictamen de los críticos señalaba a algunos escritores de pensamiento tan torturado, de invenciones tan complicadas y de psicología tan aguda y monstruosa, que sus libros volvían más desgraciados a los lectores, les ennegrecían en extremo sus opiniones y les hacían, por último, renunciar a descubrir en la literatura la fuente milagrosa adonde purificar el espíritu de sus cuidados.

Ciertamente las artes no pueden ser el único sostén del bienestar de un pueblo.

XENIAS

>Las buenas frases son la verdad en números redondos.

El poeta sin genio ve correr las aguas del río. En vano se fatiga por una nueva imagen poética sobre el correr del agua. La frase no viene nunca y las ondas siguen implacables su curso.

El agua que pasa tiene una gran semejanza con su vida; no la relación secreta que inútilmente se esfuerza en discernir, sino ésta, que su vida pasa también adelante sin dejarle versos en las manos.

Una vez hubo un hombre que escribía acerca de todas las cosas; nada en el universo escapó a su terrible pluma, ni los rumbos de la rosa náutica y la vocación de los jóvenes, ni las edades del hombre y las estaciones del año, ni las manchas del sol y el valor de la irreverencia en la crítica literaria.

Su vida giró alrededor de este pensamiento: "Cuando muera se dirá que fui un genio, que pude escribir sobre todas las cosas. Se me citará —como a Goethe mismo— a propósito de todos los asuntos."

Sin embargo, en sus funerales —que no fueron por cierto un brillante éxito social— nadie le comparó con Goethe. Hay además en su epitafio dos faltas de ortografía.

FANTASÍAS MEXICANAS

> ...al moro Búcar y a aquel noble Marqués
> de Mantua, teníalos por de su linaje.

Por el angosto callejón de la Condesa, dos carrozas se han encontrado. Ninguna retrocede para que pase la otra.

—¡Paso al noble señor don Juan de Padilla y Guzmán, Marqués de Santa Fe de Guardiola, Oidor de la Real Audiencia de México!

—¡Paso a don Agustín de Echeverz y Subiza, Marqués de la Villa de San Miguel de Aguayo, cuyos antepasados guerrearon por su Majestad Cesárea en Hungría, Transilvania y Perpiñán!

—¡Por bisabuelo me lo hube a don Manuel Ponce de León, el que sacó de la leonera el guante de doña Ana!

—¡Mi tatarabuelo Garcilaso de la Vega rescató el Ave María del moro que la llevada atada a la cola de su bridón!

Tres días con sus noches se suceden y aún están allí los linajudos magnates, sin que ninguno ceda el paso al otro. Al cabo de estos tres días —y para que no sufriera mancilla ninguno de ambos linajes— mandó el Virrey que retrocedieran las carrozas al mismo tiempo, y la una volvióse hacia San Andrés, y la otra fuese por la calle del Puente de San Francisco.

EL RAPTOR

Amigos míos, ayudadme a robar una novia que tengo en el Real de Pozos. Tendremos que sacarla de su casa a viva fuerza. Por eso os pido ayuda, que si ella tuviera voluntad en seguirme... Iremos al galope de nuestros caballos por el camino real, en medio de la noche como almas en pena. Os pagaré con esplendidez. Os daré caballos, rifles, sillas de montar labradas con plata y oro. ¿Por qué vaciláis? ¿Para cuándo son los amigos? Estoy enamorado locamente de ella. Apenas sé si no desvarío. Tiene los ojos llenos de asombro, sus senos palpitantes perderían a cualquier santo. Cuando me ve se echa a temblar y si no fuera porque la amenazo con matarla si no me espera en la ventana a la noche siguiente, jamás la volvería a ver. Al hablarle se me enronquece la voz, y a ella le entra tanto miedo que no atina a decirme sino que me vaya y que la deje; que no me ha hecho mal ninguno; que lo haga por la Virgen Santísima... Sé bien que no me quiere; pero ¿qué importa? Ya me irá perdiendo el temor. Por ella me dejaría fusilar. Ayudadme, mis amigos. Tened compasión de un hombre enamorado, y mañana haced de mí lo que gustéis. Os obedeceré como un perro. Y si algo os pasa por ayudarme, la Sierra Madre no está lejos, y mi cinturón de cuero se halla repleto de oro.

EL ABUELO

El abuelo —un viejecito de lustrosa y roja tez, ojos azules y barbas de plata, que quiere a toda costa ser amigo nuestro— preside la cena de innumerables nietos y nietas, y amigos y amigas. (Una vieja familia que tuvo antepasados en Trafalgar.)

Hablamos de Darío y Lugones y él cita a don Antonio de Solís y a Moratín; de tenis y de flirt y él desentierra sus lozanas mocedades de hijo de gobernador, en no sé qué ciudad de provincia, allá por el año de treinta.

En el comedor resuenan las risas y los gritos alegres. Todos hablamos en voz alta. Las gentiles primas sonríen llenas de benevolencia, dicen propósitos agudos, o amenazan con dengues y melindres al atrevido que respondió certeramente.

Alguien pide un cuento al viejecito. Todos aplauden y prestan atención. Y las caras se encienden por el rubor o la malicia, porque nuestro olvidadizo abuelo nos relata plácidamente un cuento picaresco de antaño, en el que todas las cosas son llamadas por su nombres, a la sana usanza antigua.

VIEJA ESTAMPA

Dos CRIADOS abren presurosos, a la curiosidad de los desocupados, las pesadas hojas de la puerta, cuyos tableros de cedro ostentan —en rica obra de talla— las armas de los Castillas, de los Mendozas, de los Altamiranos de Velasco.

Tirada por piafantes brutos, sale la carroza, con muelles sacudimientos, de la penumbra del zaguán al deslumbramiento de la calle.

El Conde de Santiago de Calimaya se encamina al palacio del Virrey. Han llegado pliegos de la Metrópoli que tratan de asuntos graves. La Real Audiencia y el Arzobispo tienen en la Corte poderosos valedores.

Y mientras pasa la carroza rebotando por el empedrado de la calle de Flamencos, los indios se descubren, los criollos se detienen curiosos.

Indiferente a todos, tras los cristales, el señor conde toma rapé de una caja de oro, con sus dedos descarnados y temblorosos.

II
De fusilamientos

DE FUSILAMIENTOS

El fusilamiento es una institución que adolece de algunos inconvenientes en la actualidad.

Desde luego, se practica a las primeras horas de la mañana. "Hasta para morir precisa madrugar", me decía lúgubremente en el patíbulo un condiscípulo mío que llegó a destacarse como uno de los asesinos más notables de nuestro tiempo.

El rocío de las yerbas moja lamentablemente nuestros zapatos, y el frescor del ambiente nos arromadiza. Los encantos de nuestra diáfana campiña desaparecen con las neblinas matinales.

La mala educación de los jefes de escolta arrebata a los fusilamientos muchos de sus mejores partidarios. Se han ido definitivamente de entre nosotros las buenas maneras que antaño volvían dulce y noble el vivir, poniendo en el comercio diario gracia y decoro. Rudas experiencias se delatan en la cortesía peculiar de los soldados. Aun los hombres de temple más firme se sienten empequeñecidos, humillados, por el trato de quienes difícilmente se contienen un instante en la áspera ocupación de mandar y castigar.

Los soldados rasos presentan a veces deplorable aspecto: los vestidos, viejos; crecidas las barbas; los zapatones cubiertos de polvo; y el mayor desaseo en las personas. Aunque sean breves instantes los que estáis ante ellos, no podéis sino sufrir atrozmente con su vista. Se explica que muchos reos sentenciados a la última pena soliciten que les venden los ojos.

Por otra parte, cuando se pide como postrera gracia un tabaco, lo suministrarán de pésima calidad piadosas damas que poseen un celo admirable y una ignorancia candorosa en materia de malos hábitos. Acontece otro tanto con el vasito de aguardiente, que previene el ceremonial. La palidez de muchos en el postrer trance no procede de otra cosa sino de la baja calidad del licor que les desgarra las entrañas.

El público a esta clase de diversiones es siempre numeroso; lo constituyen gentes de humilde extracción, de tosca sensibilidad y de pésimo gusto en artes. Nada tan odioso como hallarse delante de tales mirones. En balde asumiréis una actitud sobria, un ademán noble y sin artificio. Nadie los estimará. Insensiblemente os veréis compelidos a las burdas frases de los embaucadores.

Y luego, la carencia de especialistas de fusilamientos en la prensa periódica. Quien escribe de teatros y deportes tratará acerca de fusilamientos e incendios. ¡Perniciosa confusión de conceptos! Un fusilamiento y un incendio no son ni un deporte ni un espectáculo teatral. De aquí proviene ese estilo ampuloso que aflige al *connaisseur*, esas expresiones de tan penosa lectura como "visiblemente conmovido", "su rostro denotaba la contrición", "el terrible castigo", etcétera.

Si el Estado quiere evitar eficazmente las evasiones de los condenados a la última pena, que no redoble las guardias, ni eleve los muros de las prisiones. Que purifique solamente de pormenores enfadosos y de aparato ridículo un acto que a los ojos de algunos conserva todavía cierta importancia.

1915

PARA AUMENTAR LA CIFRA DE ACCIDENTES

Un hombre va a subir al tren en marcha. Pasan los escaloncillos del primer coche y el viajero no tiene bastante resolución para arrojarse y saltar. Su capa revuela movida por el viento. Afirma el sombrero en la cabeza. Va a pasar otro coche. De nuevo falta la osadía. Triunfan el instinto de conservación, el temor, la prudencia, el coro venerable de las virtudes antiheroicas. El tren pasa y el inepto se queda. El tren está pasando siempre delante de nosotros. El anhelar agita nuestras almas, y ¡ay de aquel a quien retiene del miedo de la muerte! Pero si nos alienta un impulso divino y la pequeña razón naufraga, sobreviene en nuestra existencia un instante decisivo. Y de él saldremos a la muerte o a una nueva vida, ¡pésele al Destino, nuestro ceñudo príncipe!

LA AMADA DESCONOCIDA

Don Juan... por quien olvidan las cortesanas parisienses de moda sus ahorros en el Banco de Francia. Rey norteamericano de una industria como la del acero y el petróleo, la trata de blancas. En México galopa camino de la Sierra con una mujer desmayada entre los brazos. Es en España, su país natal, un señorito a quien castigará el cielo cualquier día por sus grandes infamias.

Duro vengador de hombres y símbolo de energía mediterránea, pasa ante los varones que le envidian y las hembras que por él se pierden, con la levedad de una figura de mito y la gracia de un mancebo pintado en ático vaso. (¡Oh Keats, las melodías no escuchadas son menos dulces que tu oda inmortal!)

Victorioso y risueño —diríase que bajaba del tálamo de una deidad— con ligero paso se dirige al cementerio. Viste de negro, y en una ciudad de deportistas y *dandies* pasaría inadvertido. Sus ojos grises —feroces para tantas heroínas llorosas— miran ahora distraídamente. Una sonrisa ilumina el rostro, como aquellas que fueron compradas con el dolor de toda una vida.

Mal sujeto a todas luces, sólo tolera los mejores momentos del trato femenino. Cínico, despoja al amor de su prestigio romántico. Con decisión y aplomo espera su condenación, porque los avisos del criado, a pesar de todo, procedían del cielo.

Taimadas garduñas e hijos de pega consumirán su hacienda y acibararán su solitaria vejez; pero nada le arredra, ni las llamas del infierno, ni siquiera las molestias de su celebridad equívoca.

Entre fotógrafos y reporteros, curiosos y badulaques de

toda laya, cruza la puerta del camposanto, con una corona de flores al brazo. Conmovido, como se conmueven las gentes de buen tono; ágil, con mucho de felino en el paso y algo de hastío elegante en la figura; al modo de quien cumple uno de tantos deberes sociales, pura fórmula desprovista ya de contenido y significación, deposita con impertinente gracia una corona de siemprevivas en la tumba de la amada desconocida, la pobre muchacha sin nombre que no reclamó eternidad al caballero despiadado de los fugaces amores.

LA GLORIOSA

Las cuestas y llanos se pueblan de los pobrecitos indios. Ya baja allá a lo lejos la imagen que traen en andas, con gran acompañamiento de gentes. Los cirios y candelas brillan amortiguadamente en la serena luz de la tarde. Este año ha sido de sequía. Las milpas están resecas y los gañanes tienen oprimido el corazón por la falta de bienhechoras lluvias, de las aguas que reverdezcan los campos, que tornen su pureza al aire y la alegría al alma contristada del labriego.

Por encima de las cabezas descubiertas e hirsutas, de las luces que constelan de diamantes el pálido damasco del cielo sin nubes, y de las caras graves y hurañas de los fieles, se mantiene levemente sobre las andas, en su peana dorada. Es pequeñita; de rostro moreno, casi negro; su manto estofado desciende triangularmente, broslado de gemas, sobre una media luna.

Antaño un virrey se despojó de sus insignias para que ella las luciese. Y cuando el cólera grande despoblaba ciudades y villas, el Presidente de la República le dio ese collar de amatistas que centellea con tenues fulgores purpurinos. Entonces fue traída con gran pompa a la Catedral de México, cuyas suntuosas naves hospedaron algunos días —los más fieros de la peste— a la Noble Señora, que añoraba desde lo alto del coruscante altar su rústico santuario.

Bajo el cielo inclemente, por los requemados maizales, los cánticos se elevan quejumbrosos. El dolor de las gentes sencillas y pobres, la fe obstinada y potente, el espíritu de esta raza milenaria animan las letanías, entonadas en falsete. Parpadean los velones. El polvo, esfumino de lejanías, hace menos violenta la cresta de la Sierra. Las voces imploran desafinadas y tercas:

> *¡Oh Madre, tierna, bendita,*
> *Ayuda a nuestra Nación,*
> *Pues mucho lo necesita!*

LA HUMILDAD PREMIADA

En una Universidad poco renombrada había un profesor pequeño de cuerpo, rubicundo, tartamudo, que como carecía por completo de ideas propias era muy estimado en sociedad y tenía ante sí brillante porvenir en la crítica literaria.

Lo que leía en los libros lo ofrecía trasnochado a sus discípulos la mañana siguiente. Tan inaudita facultad de repetir con exactitud constituía la desesperación de los más consumados constructores de máquinas parlantes.

Y así transcurrieron largos años hasta que un día, en fuerza de repetir ideas ajenas, nuestro profesor tuvo una propia, una pequeña idea propia luciente y bella como un pececito rojo tras el irisado cristal de una pecera.

EL DESCUBRIDOR

A semejanza del minero es el escritor: explota cada intuición como una cantera. A menudo dejará la dura faena pronto, pues la veta no es profunda. Otras veces dará con rico yacimiento del mejor metal, del oro más esmerado. ¡Qué penoso espectáculo cuando seguimos ocupándonos en un manto que acabó ha mucho! En cambio, ¡qué fuerza la del pensador que no llega ávidamente hasta colegir la última conclusión posible de su verdad, esterilizándola; sino que se complace en mostrarnos que es ante todo un descubridor de filones y no mísero barretero al servicio de codiciosos accionistas!

EL HÉROE

Todo se adultera hoy. A mí me ha tocado personificar un heroísmo falso. Maté al pobre dragón de modo alevoso que no debe ni recordarse. El inofensivo monstruo vivía pacíficamente y no hizo mal a nadie. Hasta pagaba sus contribuciones, y llegó en inocente simplicidad a depositar su voto en las ánforas, durante las últimas elecciones generales. Me vio llegar como a un huésped, y cuando hacía ademán de recibirme y brindarme hospedaje, le hendí la cabeza de un tajo. Horrorizado por mi villanía hui de los fotógrafos que pretendían retratarme con los despojos del pobre bicho, y con el malhadado alfanje desenvainado y sangriento. Otro se aprovechó de mi fea hazaña e intentó obtener la mano de la princesa. Por desdicha mis abogados lo impidieron y aun obligaron al impostor a pagar las costas del juicio. No hubo más remedio que apechugar con la hija del rey, y tomar parte en ceremonias que asquearían aun a Mr. Cecil B. de Mille.

La princesa no es la joven adorable que estáis *desde hace varios años* acostumbrados a ver por las tarjetas postales. Se trata de una venerable matrona que, como tantas mujeres que han prolongado su doncellez, se ha chupado interiormente. (Perdonadme lo bajo de la expresión.) Resulta su compañía tan enfadosa que a su lado se explica uno los horrores de todas las revoluciones. Sus aficiones son groseras: nada la complace más que exhibirse en público conmigo, haciendo gala de un amor conyugal que felizmente no existe. Tiene alma vulgar de actriz de cine. Siempre está en escena, y aun lo que dice dormida va destinado a la galería. Sus actitudes favoritas, la de infanta demócrata, de esposa sacrificada, de mujer superior que tolera menesteres humildes. A su lado siento náuseas incontenibles.

En los momentos de mayor intimidad mi egregia compañera inventa frases altisonantes que me colman de infortunio: "la sangre del dragón nos une"; "tu heroicidad me ha hecho tuya para siempre"; o bien "la lengua del dragón fue el ábrete sésamo"; etcétera.

Y luego las conmemoraciones, los discursos, la retórica huera... toda la triste máquina de la gloria. ¡Qué asco de mí mismo por haber comprado con una villanía bienestar y honores! ¡Cuánto envidio la sepultura olvidada de los héroes sin nombre!

MUJERES

Siempre me descubro reverente al paso de las mujeres elefantas, maternales, castísimas, perfectas.

Sé del sortilegio de las mujeres reptiles —los labios fríos, los ojos zarcos— que nos miran sin curiosidad ni comprensión desde otra especie zoológica.

Convulso, no recuerdo si de espanto o atracción, he conocido un raro ejemplar de mujeres tarántulas. Por misteriosa adivinación de su verdadera naturaleza vestía siempre de terciopelo negro. Tenía las pestañas largas y pesadas, y sus ojillos de bestezuela cándida me miraban con simpatía casi humana.

Las mujeres asnas son la perdición de los hombres superiores. Y los cenobitas secretamente piden que el diablo no revista tan terrible apariencia en la hora mortecina de las tentaciones.

Y tú, a quien las acompasadas dichas del matrimonio han metamorfoseado en lucia vaca que rumia deberes y faenas, y que miras con tus grandes ojos el amanerado paisaje donde paces, cesa de mugir amenazadora al incauto que se acerca a tu vida, no como el tábano de la fábula antigua, sino llevado por veleidades de naturalista curioso.

EL CELOSO

A Ojitlán de los Naranjos no ha llegado el ferrocarril. Las costumbres se conservan aún patriarcales, aunque a la verdad el pueblo no ha progresado mucho que digamos.

Son gentilísimas sus mujeres, arrebujadas en los sedeños *santamarías,* a la salida de misa o en las serenatas de la plaza de armas bajo la magia de la noche tropical y ardiente.

Por las aceras de las callejas, a la sombra de copudos nogales, corren acequias tapizadas de berros. Entre fresnos añosos se recatan gráciles las torres y el campanario en espadaña de la parroquia, preciada joya del arte churrigueresco. Más allá de las últimas casas, sobre muelles ondulaciones del terreno, se dilatan como tapices los campos de labor, ceñidos por vallados de órganos y heráldicos magueyes.

En este pueblo vivía hasta poco ha un coronel retirado, cuya familia era de antiguo arraigo en la comarca. Alto, enjuto, recio de carnes, el campo le había dado fuerza y dureza. Por lo demás, seco en el trato, silencioso y taciturno de humor. Si se le examinaba atentamente, conmovía la tristeza de sus ojos apagados.

Su esposa doña Rosita era una señora de provincia, sumisa, hacendosa, de mirar inocente, tímida, devota, con el espíritu de sacrificio característico de nuestras mujeres criollas, tan bello y tan absoluto.

La dicha de ambos pareció siempre completa a las inquisitivas miradas de las comadres y vecinas. Sólo que él tenía un modo morboso de amarla, pues le atormentaban singulares celos, que ante ella sin embargo reprimió siempre con hombría rústica y brava.

Los celos... Turbación de nuestra alma que cobra agudísima conciencia de su soledad irremediable. Pasión que no mueve a piedad por ser acaso la más individual y exclusiva, y que a los más lamentables extravíos conduce. Amargo y cruel resabio de lo quebradizo que es todo concierto y buena inteligencia.

Si se desecha el fatalismo del amor se engendran celos inextinguibles. En efecto, la pasión que dignifica mi vida ¿es necesaria y fatal? La mujer que esclarece y dora mi gris existir ¿me estaba predestinada? O pudo ser de otro, a mediar cualquier circunstancia de esas en apariencia triviales pero que son decisivas para torcer el errátil curso de nuestro destino. Y si pudo ser de otro, puede serlo aún. Su amor no viene de la necesidad, sino de la contingencia, del juego loco de los sucesos. Y ando a caza de pruebas en favor de la predestinación si revuelvo a veces lo pasado para alimentar mis querellas. El azar que me dio a la amada es capaz de arrebatármela. En todo momento —sigue diciéndose el celoso— hay que apuntalar el andamiaje frágil de mi gozo.

Y el pobre hombre toma de continuo precauciones contra extraños peligros y oscuros riesgos. Sus punzantes cautelas, su corrosiva desconfianza, su miedo patológico son incurables como tantos males imaginarios.

Tortura de sí mismo, prevención inútil contra el incierto giro de la suerte, forcejeo por mantener cerrada una puerta que empujan desde afuera incógnitas potencias, tétrica luz que vuelve el mundo totalmente hostil, los celos evocan tristes imágenes, negros símbolos. ¡Piadosas artes las de saber con un apretón de manos, con una mirada clara, con unas palabras inocentes, ahuyentar los celos que revolotean pertinaces en torno al mísero celoso!

Si doña Rosita mostraba predilección por algo, él secretamente lo destruía; si hablaba con afecto de algún servidor, se remuneraba a éste con esplendidez y se le despedía al instante.

Fue poco a poco adivinando la fatal condenación que atraía sobre cuanto le agradaba. Se abstuvo entonces de cualquier impulso de simpatía y adquirió un aire singularmente noble, deslizándose entre las cosas sin apasionarse con ellas, desentendida de la complacencia que suelen despertar en nuestros sentidos, consagrada por entero al amor de su marido.

En la penumbra de su apartamiento, la palidez y el brillo inusitado de los ojos le daban el prestigio de una aparición. Su sonrisa tenía no sé qué de extrahumano. Dijérase que la proximidad de su muerte la transfiguraba y revestía de sutil belleza.

La pobre señora enfermó. En Ojitlán no se supo a ciencia cierta de qué mal, pues sólo el esposo tenía acceso hasta la alcoba de su mujer. Se propaló la noticia de su extremada gravedad. El médico del lugar —venerable viejo ungido por una sabiduría superior a la que dispensan los libros— acudió al coronel y le propuso atender a la enferma. Tal ofrecimiento fue recibido con aspereza. Era absurdo pensar que un extraño se llegara hasta la agonizante, le tomase el pulso, la auscultase, la examinase todavía con mayor impertinencia. Así fue que la señora murió finalmente.

Como siempre sucede en casos tales, ocurrieron solícitas las vecinas (que llevaban años de no visitar la casa) a vestir a la difunta, a rezarle, tal vez a curiosear. El coronel las despedía hosco en la puerta. No otras manos que las suyas tocarían jamás a su esposa, muerta o viva. Y fue él quien desempeñó esos menesteres en que se ejercita la más bella piedad.

Tortura sin par la del viudo cuando vistió a su preciosa

finada. Al meter los vestidos de raso y blondas en los miembros entumecidos, al calzar los adorados pies con los zapatitos de satín, al deslizar bajo el rígido talle los brazos para levantarla suavemente y colocarla en la caja, sin duda probó aquel fuerte corazón las más salvajes embestidas del fiero dolor. Es posible que la razón misma se enturbiara en aquella cruel prueba.

Algunas familias enviaron coronas y flores que recibían los criados. Las ventanas permanecieron cerradas y en vano los curiosos atisbaron por si conseguían ver al misterioso coronel, sobre quien pesaba ya una leyenda negra.

El sepelio no fue al día siguiente, como es costumbre. Conocido de todos el violento amor del marido, se pensó que quería éste dilatar por algunas horas la separación definitiva.

Pero pasó otro día, sin que se llevara a cabo el entierro. Y otro día más... y aun cinco. La curiosidad pública estaba excitadísima. A la semana justa intervino la autoridad para dar cristiana sepultura al cadáver. El viudo no se había apartado hasta entonces de su amada.

Cuando se abrieron las ventanas y el sol entró por la estancia a raudales, hallaron el alcalde y sus acompañantes, que no eran pocos por cierto, al coronel sentado junto al ataúd entreabierto, con una mano de la muerta entre las suyas callosas y nervudas.

Alelado por su pena no opuso resistencia a las órdenes del alcalde, y la inhumación se llevó adelante sin nuevos incidentes.

Pero al anochecer del día del entierro viose al viudo cruzar el villorrio, camino del cementerio. Allí pasó la noche, dando lentos paseos cerca de la sepultura de su esposa, embozado siniestramente en su capa, ensimismado en no se sabe qué pesarosas meditaciones.

Y volvió la noche siguiente y todas las demás hasta su muerte (que fue mucho tiempo después) a velar su sueño en medio de espesas tinieblas propicias a los espantos y nahuales. Durante sus lúgubres paseos entre las tumbas le roían el ánimo porfiados celos, y escrutaba los campos del contorno por si acudía *el otro*, el que había de amarla con la misma tenacidad inquebrantable. Pero éste no acudió nunca porque no existía más que en la imaginación del coronel, para su propio tormento. Amores tan desesperados y constantes ocurren rarísima vez y son respecto de la vida cotidiana como locas girándulas en una noche sin estrellas. Sorprende lo desmesurado de tales pasiones que no guardan proporción con nuestras vidas, con las que no están a escala. Amamos, ambicionamos y odiamos como si fuéramos inmortales. Nuestra alma, en trance pasional, sobrepasa las estrechas compuertas de una encarnación y se revela en su amplio vuelo milenario.

ANYWHERE IN THE SOUTH

> Mujeres *fire-proof*, a la pasión inertes,
> Llenas de fortaleza, como las cajas fuertes.
>
> El *poeta* José Juan Tablada

Yo que no traigo credenciales en regla del Parnaso, carezco ¡ay! de mensaje lírico, y que podría contribuir con más de una a las Cien Peores Poesías Líricas Mexicanas;

y ella: largos ojos oblicuos, tez finísima, cuerpo de nadadora. Bebe coca cola y forma parte de una fraternidad universitaria. ¿Es inteligente Miss Smith? Tal vez no; pero no importa porque es femenina con femineidad perfumada, con suave intimidad de compañera sumisa.

En el cinematógrafo, ante mis malévolas dudas y mis fingidos celos retrospectivos, poniéndose en pie y extendiendo el brazo, jura por su Dios, anabaptista y cándida.

Entreveo por un instante el interminable rosario de domingos, yo cantando himnos a su lado en un templo de paredes desnudas; o la caravana de semanas, alimentando preocupaciones crematísticas bajo el ventilador insomne; o me represento contristado ante sus iracundas miradas, en una abrasada carretera de Arizona, mientras el Ford —no del todo pagado— se niega a caminar y persiste en crearme conflictos conyugales.

La tentación pasa como una banda militar, conturbando al alma, incorregible prisionera que se deleita en el espejismo de las vidas posibles.

De mis divagaciones aterrizo con una de sus preciosas manos entre las mías. ¡Pobre orquídea tejana a quien no arredra lo incierto de mi porvenir! Porque en resumen: no soy más que un profesor adjunto que en los cursos veraniegos de este año explica en mangas de camisa la *Quijotita* y el *Periquillo*.

LA FERIA

Y estando a —
Y estando amarrando un gallo
Se me re —
Se me reventó el cordón.
Yo no sé
Si será mi muerte un rayo...

Los mecheros iluminan con su luz roja y vacilante rimeros de frutas, y a contraluz proyectan negras las siluetas de los vendedores y transeúntes.

—¡Pasen al ruido de uñas, son centavos de cacahuates!
—¡El setenta y siete, los dos jorobados!
—¡Las naranjas de Jacona, linda, son medios!

Periquillo y Januario están en un círculo de mirones, en el cual se despluma a un incauto.

—¡Don Ferruco en la Alameda!
—¡Niña, guayabate legítimo de Morelia!
—¡Por cinco centavos entren a ver a la mujer que se volvió sirena por no guardar el Viernes Santo!

Dos criadas conversan:

—En México no saben hacer *prucesiones*. Me voy pues a pasar la Semana Santa a Huehuetoca...

Una muchacha a un lépero que la pellizca:

—¡No soy diversión de nadie, roto tal!
—¡El que le cantó a San Pedro!
—¡El sabroso de las bodas!
—¡El coco de las mujeres!
—¡Pasen al panorama, señoritas, a conocer la gran ciudad del Cairo!

Una india a otra con quien pasea:

—Yo sabía leer, pero con la Revolución se me ha olvidado.

En la plaza de gallos les *humedecen* la garganta a las cantadoras; y los de Guanacevi se aprestan a jugar contra San Juan de los Lagos.

En mitad del bullicio —¡oh tibia noche mexicana en azul profundo de esmalte!—, acompañado de tosco guitarrón, sigue cantando el ciego, con su voz aguda y lastimera:

> O me ma —
> O me matará un cabrón
> Desos que an —
> Desos que andan a caballo
> Validós
> Validos de la ocasión.
> Y ha de ser pos cuándo no.

PLAUTINA

—Lycónides, sedujiste a la hija de Euclión en tanto que tu esclavo hurtaba la marmita con el tesoro del avaro. Y mientras ella invocaba con grandes voces a Lucina, el burlado Megadoro hacía comprar congrios y vino para celebrar el sacrificio nupcial.

—Comedido Periplectómenes, la flor de los filósofos, tienes cuanto puede desearse en un varón prudente: durante el banquete no arrebatas el mejor manjar, ni acaricias al beber a la amante ajena, ni empinas el vaso de otro, y reclinado sólo meditas en Venus, el Amor y las Gracias.

La profesión de la lena se parece a la del pajarero: *Si papillan pertractavit, haud id est ab re aucupis.* Los enamorados son como los peces. Sólo aprovechan los nuevos. No hay tallas, ni pinturas ni escrituras de poeta donde las alcahuetas obren bien. ¿No lo sabías, apasionado mozalbete, hermano nuestro en la propiciación de tu vida y tu dinero?

—Parásito Ergásilo que aguzas sin medida el ingenio con tu hambre: los mozos en el Foro, tras reír tus donaires, quedarán callados cuando les interrogues dónde es la cena. La sutileza no recibe ya estímulo del rico.

—Y tú, Pyrgopolinices, cuyas hazañas inventa el acomodaticio Artotrogo, mañana las aprenderán de coro nuestros pobres nietos, bajo plagosa férula, en los libros de historia contemporánea.

LA COCINERA

...más vale que vayan los fieles a perder su tiempo en la maroma, que su dinero en el juego, o su pellejo en los fandangos.

General Riva Palacio: *Calvario y Tabor*

Por inaudito que parezca hubo cierta vez una cocinera excelente. La familia a quien servía se transportaba, a la hora de comer, a una región superior de bienaventuranza. El señor manducaba sin medida, olvidado de su vieja dispepsia, a la que aun osó desconocer públicamente. La señora no soportaba tampoco que se le recordara su antiguo régimen para enflaquecer, que ahora descuidaba del todo. Y como los comensales eran cada vez más numerosos renacía en la parentela la esperanza de casar a una tía abuela, esperanza perdida hacía ya mucho.

Cierta noche, en esta mesa dichosa, comíamos unos tamales, que nadie los engulló mejores.

Mi vecino de la derecha, profesor de Economía Política, disertaba con erudición amena acerca de si el enfriamiento progresivo del planeta influye en el abaratamiento de los caloríferos eléctricos y en el consumo mundial de la carne de oso blanco.

—Su conversación, profesor, es muy instructiva. Y los textos que usted aduce vienen muy a pelo.

—Debe citarse, a mi parecer —dijo una señora—, cuando se empieza a olvidar lo que se cita.

—O más bien cuando se ha olvidado del todo, señora. Las citas sólo valen por su inexactitud.

Un personaje allí presente afirmó que nunca traía a cuento citas de libros, porque su esposa le demostraba después que no hacían al caso.

—Señores —dijo alguien al llenar su plato por sexta vez—, como he sido hasta hoy el más recalcitrante sostenedor del vegetarianismo entre nosotros, mañana, por estos tamales de carne, me aguardan la deshonra y el escándalo.

—Por sólo uno de ellos —dijo un sujeto grave a mi izquierda— perdería gustoso mi embajada en Mozambique.

Entonces una niña...

(¿Habéis notado la educación lamentable de los niños de hoy? Interrumpen con desatinos e impertinencias las ocupaciones más serias de las personas mayores.)

... Una niña hizo cesar la música de dentelladas y de gemidos que proferíamos los que no podíamos ya comer más, y dijo:

—Mirad lo que hallé en mi tamal.

Y la atolondrada, la aguafiestas, señalaba entre la tierna y leve masa un precioso dedo meñique de niño.

Se produjo gran alboroto. Intervino la justicia. Se hicieron indagaciones. Quedó explicada la frecuente desaparición de criaturas en el lugar. Y sin consideración para su arte peregrina, pocos días después moría en la horca la milagrosa cocinera, con gran sentimiento de algunos gastrónomos y otras gentes de bien que cubrimos piadosamente de flores su tumba.

LOS UNICORNIOS

Creer que todas las especies animales sobrevivieron al diluvio es una tesis que ningún naturalista serio sostiene ya. Muchas perecieron; la de los unicornios entre otras. Poseían un hermoso cuerno de marfil en la frente y se humillaban ante las doncellas.

Ahora bien, en el arca, triste es decirlo, no había una sola doncella. Las mujeres de Noé y de sus tres hijos estaban lejos de serlo. Así que el arca no debió de seducir grandemente al unicornio.

Además Noé era un genio, y como tal, limitado y lleno de prejuicios. En lo mínimo se desveló por hacer llevadera la estancia de una especie elegante. Hay que imaginárnoslo como fue realmente: como un hombre de negocios de nuestros días: enérgico, grosero, con excelentes cualidades de carácter en detrimento de la sensibilidad y la inteligencia. ¿Qué significaban para él los unicornios?, ¿qué valen a los ojos del gerente de una factoría yanqui los amores de un poeta vagabundo? No poseía siquiera el patriarca esa curiosidad científica pura que sustituye a veces al sentido de la belleza.

Y el arca era bastante pequeña y encerraba un número crecidísimo de animales limpios e inmundos. El mal olor fue intolerable. Con su silencio a este respecto el Génesis revela una delicadeza que no se prodiga por cierto en otros pasajes del Pentateuco.

Los unicornios, antes que consentir en una turbia promiscuidad indispensable a la perpetuación de su especie, optaron por morir. Al igual que las sirenas, los grifos, y una variedad de dragones de cuya existencia nos conserva irrecusable testimonio la cerámica china, se negaron a entrar en el arca. Con gallardía prefirieron extinguirse. Sin aspavientos perecieron noblemente. Consagrémosles un minuto de silencio, ya que los modernos de nada respetable disponemos fuera de **nuestro silencio**.

ESTAMPA

EL DÍA fue caluroso. Se comienza a llenar de opalina sombra la hondonada, por cuyo fondo discurren ondas brillantes y tersas. Los árboles extienden espesas copas sobre la grama. En rústicos bancos están repartidas algunas parejas, las cabezas inclinadas, las caras graves y felices, perdidas las miradas en el tramonto. No se escuchan las palabras que murmuran los labios, pero se adivinan apasionadas y dulces, de las que levantan hondas resonancias en el espíritu. Ponen las girándulas su amarilla nota en el cielo verdemar, color de alma de Novalis. Los astros arden entre el follaje. Un niño juega con su perro. De las aguas asciende frescor perfumado que orea las frentes y extasía nuestros sentidos, penetrándolos con su caricia clara. Lucen al escondite las luciérnagas.

Fuera del cuadro un melancólico, la cara negra de sombra bajo el puntiagudo sombrerillo, herido de amorosas penas tasca desdenes y medita en insolubles enigmas. La tarde divina armoniza sus querellosas preocupaciones.

LE POÈTE MAUDIT

Muy poco grata era su compañía y evitada hábilmente por todos. Había perpetrado un latrocinio hacía mucho, y lo que es peor no conservaba nada del mal habido dinero. De las dos razas humanas, pertenecía a la que pide prestado. Era un fatuo sin igual que no hallaba en Darío sino un admirable virtuoso de las palabras, y en Lugones un imitador genial sin originalidad verdadera. Su vida era completamente irregular. Notoria su mala educación; y nadie extrañará que deliberadamente le hayamos olvidado cuando redactamos la lista de socios de la Agrupación Ariel. Su ilustración era muy desigual, y desde luego nada académica. De latín no sabía ni los rudimentos, ni leía a los humoristas ingleses del tiempo de la reina Ana, ni poseía la principesca edición de los cuentos de Lafontaine, que engalanaron Eisen y Chauffard, ni había oído hablar del Pseudo Calístenes, del Pseudo Turpino, ni del Pseudo Pamphilus.

Pero a pesar de todo, y por raro capricho de la Fortuna... hacía mejores versos que nosotros. No cabe duda que los dones poéticos se reparten de modo arbitrario y a veces tocan en suerte a los peores sujetos (de que se pueden aducir tantos ejemplos ilustres).

—Se suele admirar hasta la idolatría a un poeta— nos decíamos en nuestras amables cenas de la Agrupación Ariel—, y no apetecerlo para compañero en el paraíso.

Tras propinarnos intolerables acertijos rimados nos consolábamos considerando que si la poesía tiene curiosas virtudes como la de mover los árboles y detener la corriente de los ríos, no dignifica por sí sola a los que la cultivan ni los dota de autoridad en letras.

GLORIA MUNDI

Los vuelcos de la fortuna son siempre lastimosos, pero cuando el sujeto es un empleado público, tienen algo de ridículo, sobre todo entre nosotros donde los cargos duran tan poco, y entre quienes la estabilidad de las posiciones burocráticas se resiente algún tanto de la marejada política que todo lo trastorna y derrueca.

Cierta infantilidad de nuestra idiosincrasia —signo de razas inteligentes— explica que nos cansemos harto pronto de las personas que tenemos delante de los ojos, escritores, gobernantes o artistas. La tabla de nuestros valores intelectuales y de cualquier otro orden está gobernada por violentas sacudidas que las más veces no proceden de otra causa sino de la impaciencia de un público aburrido y ávido de todo cambio.

Muchos años hace que trabajaba yo en modesta sección de pomposo departamento. Mi jefe me ordenó cierta vez que arreglara en Industria un negocio de poca monta, pendiente sin embargo hacía meses. Con la grata perspectiva de salir a la calle (reléase *The Superannuated Man* de Charles Lamb), dejé gozoso las mangas de lustrina, tomé el sombrero, y ya al partir escuché de nuevo las instrucciones de mi superior inmediato:

—Busque a Medrano, que conoce el asunto y allanará toda dificultad.

Pronto llegué en busca de Medrano al viejo palacio neoclásico donde residía el Ministro de Industria. Pregunto a porteros y conserjes por Medrano, y todos rectifican:

—¡Ah, el señor Medrano! —y ponen rostros graves.

—Suba al principal, y hágase anunciar en la segunda puerta de la derecha.

Larga antesala en un salón oscuro con mugrienta alfombra y artesonado Renacimiento. Columnitas de alabastro por los rincones, con polvorientos candelabros de tintineantes almendras. Un largo diván empotrado en la pared ofrece cómodo asiento a una veintena de pretendientes, heroicos en su resignada cesantía. Por todas partes la alientan egoístas displicentes con vagas esperanzas proferidas de mala gana desde umbrales hostiles.

Por aquellos lejanos días había renunciado su cargo el Ministro, y con él, el subsecretario, el oficial mayor, los directores generales y casi todos los jefes de sección. Así que por cerca de una semana vino a encargarse de los asuntos inaplazables y de mero trámite un empleado inferior, Medrano, que asentó sus reales en el lujoso despacho del Subsecretario. Como ocurrieron entonces algunas fiestas, no se proveyeron desde luego los empleos vacantes, y Medrano continuó, respecto de acuerdos que no cabe diferir, "al frente del Ministerio, encargado de él hasta nueva orden y en virtud de superior resolución", según rezaban las frases protocolarias que se estilan en tales casos.

Tras una hora de espera, el portero me hace pasar a un saloncito donde aguardan aún algunas personas. En esta nueva antesala se hallan individuos que Medrano tiene algún interés en recibir, en tanto que la primera sala está repleta de importunos a quienes se despedirá a la postre con la inhumanidad habitual.

Llega por fin mi turno, y el hosco guardián de la puerta me la franquea, anunciándome en alta voz. Medrano aparece sentado a una gran mesa abrumada con papeles, expedientes, libros, planos, pisapapeles, diccionarios, códigos, un pesado tintero de cristal y unas estatuillas de bronce de notable mal gusto.

Medrano es corpulento, su voz robusta; viste levita negra y es imperioso su ademán. Fuerte ha de ser la impresión que haga en el tímido ánimo de pedigüeños de empleos y pobres diablos.

Como es locuaz y grandílocuo apenas si me deja enterarlo del propósito de mi visita. A causa de su encumbramiento reciente, le preocupa mucho mostrarse llano y campechano con todos. Además hay en él ese leve descontento íntimo que trae a veces un cambio favorable de fortuna en ciertas gentes maltratadas de la suerte y limpias de corazón, y que las lleva a ofrecer excusas a los demás y como a pedirles perdón por su próspera situación presente. Siguiendo un soliloquio casi no interrumpido por la mutación del interlocutor, se queja del exceso de trabajo, de lo delicado de éste, de sus grandes responsabilidades, etcétera.

—... como no hay ministro, ni subsecretario, ni oficial mayor, yo los suplo hasta donde me alcanzan las fuerzas. Calcule usted lo pesado de mi labor. Y luego, todo el mundo quiere empleos; yo no puedo disponer sino de los pocos que hay vacantes; así que quedo mal con cuantos me vienen a ver. Mis amigos salen de aquí pensando que no soy con ellos el mismo de antes. Lo que pasa es que no puedo yo estirar indefinidamente las partidas del presupuesto de egresos. Ojalá no se me nombre en definitiva subsecretario, como se ha venido rumorando por ahí. No lo deseo de ningún modo. Nada más lejos de mí que tal pensamiento. En estas altas situaciones todo es acíbar, amigo mío, créame usted. Yo...

Después vuelve a mi asunto; apunta algo a lápiz en un cartapacio, y me tiende la regordeta mano con cordialidad estudiada y aparatosa. No he salido todavía del despacho, cuando lo atruena la potente voz:

—¡Que pase el señor Morquecho!

Y mientras Morquecho penetra en el augusto recinto, me alejo reflexionando acerca de los hombres de autoridad y poder. Me parece que acabo de dejar a uno de ellos, del más puro tipo por cierto, en su habitual ocupación, el jupiteriano ejercicio de fulminar y anonadar mortales.

Transcurren unos meses, tres o cuatro, y un día mi jefe me llama a su despacho.

—Vuelva —me dice— a buscar a Medrano, pues aún no se concluye aquel negocio.

Ocurro de nuevo en busca de mi héroe. Seguro de hallarle, acudo a las vastas antesalas que guardan criados galoneados. Nadie conoce ya a Medrano, a pesar de que son los mismos porteros de antes. Tras mucho indagar y trajinar, y repetir las señas, y ayudar a hacer memoria a ujieres y escribientes, alguien me indica que el caballero por quien pregunto acaso trabaja en los sótanos, debajo de la escalera de servicio.

En efecto, allá doy con el pobre hombre que no conserva de su pasada y efímera grandeza sino el levitón, que sin duda le sirvió para casarse largos años ha. Inclinado sobre vieja máquina de escribir, con el desaliño de la miseria en las ropas, escucha una vez más la historia demasiado corriente del legajo perdido. Al hablar observo en el descuido de su barba, en sus zapatos llenos de polvo, en sus calcetines caídos, en su mal anudada corbata, los lamentables estragos de un cambio brusco de la suerte. Me despido comprendiendo que, dada su posición actual, su intervención en nuestro negocio es punto menos que inútil.

Estrecho su manaza con sincera conmiseración. ¡Pobre Medrano, cuánto habrá sufrido, desconocido y olvidado de todos! A decir verdad, tenía muy serios motivos para triunfar y alcanzar buen éxito: el imponente volumen de su cuerpo, la voz de barítono, el levitón... su inane verbosidad.

ALMANAQUE DE LAS HORAS

A LOS CINCUENTA AÑOS. La vida se va quedando atrás como el paisaje que se contempla desde la plataforma trasera de un coche de ferrocarril en marcha, paisaje del cual va uno saliendo. Algún elemento del primer término pasa al fondo; el árbol airoso cuyo follaje recortaba las nubes va reduciendo su tamaño a toda prisa; el caserío, en el recuesto del valle, con su iglesita de empinada torre comienza a borrarse al trasponer la ladera; el inmenso acueducto huye de nosotros a grandes zancadas.

Un paisaje del cual se sale, en que todo se empequeñece y se pierde. Eso es la vida.

CUANDO alguien fracasa, nadie se ríe ni se alegra sino el que fracasó antes.

INTRAVERTIDOS Y EXTRAVERTIDOS. A los ojos de Dios ¿quién contará más, el que toda su vida libra una batalla interior y padece a menudo derrotas vergonzosas y retiradas sin cuento, en una palabra, el que lleva un conflicto interno —no por silencioso menos cruento—; que el ser todo acción exterior cuya guerra es a la luz del sol y no a la indecisa de la meditación; contra otros hombres y no contra un enemigo de la misma carne; y cuya espada no hace correr calladamente y gota a gota la sangre más roja del propio corazón?

La vida presente está compuesta como de muchas notas. Nos corresponde sin embargo escoger de ellas la que sea dominante en este acorde, que tiene a veces disonancias tan extrañas y desapacibles.

Nada importa pagar caro o barato las cosas del mundo. Los que dan poco por ellas revélanse hábiles y a veces pícaros. Los que las compran caro acredítanse de torpes; y si con desdén y altivez, de señores. No tiene importancia el precio en números, puesto que si varían en el juego falaz del deseo sujeto y objeto, la posesión trae siempre el mismo gozo y el mismo desengaño.

Toda la historia de la vida de un hombre está en su actitud.

La melancolía es el color complementario de la ironía.

Somos más nuestras intuiciones que nuestra propia vida. Éstas y aquéllas están en planos lejanos. Mi vida no es mía sino en una pequeña medida; a los demás pertenece el resto, a las gentes que me rodean, a los dioses o fuerzas locos y misteriosos que presiden nuestros sucesos. La mayor parte de mis acciones está gobernada por exigencias e instintos biológicos que desdeño cuando medito y existo realmente.

El trato social es a ratos como una terrible losa que abruma nuestra personalidad y acaba por deformarla. Al que hacemos sufrir será dulce, tímido, cobarde, astuto (¿bien educado, en una palabra?). Al que aceptamos fácilmente, soberbio, seguro de sí. Nuestra individualidad es un patrimonio del que disfrutamos ya tarde y que nos han administrado en la menor edad buenas y malas manos, al azar. La verdadera historia de uno la constituye el rosario de horas solitarias o de embriaguez (embriaguez de virtud, de vino, de poesía, ¡oh Baudelaire amado!) en que nos doblega el estrago de una plenitud espiritual. Lo demás en las biografías son fechas, anécdotas, exterioridades sin significación.

Las mentes son como los relojes: no las más finas las que fácilmente se descomponen, las que acogen a ciegas cualquier necia moda que las apasiona y saca de tino.

El sol, rubio y apoplético, y el soberbio y magnífico Júpiter jugaban, por sobre la red de los asteroides, a la pelota, que era pequeñita, verdemar, y zumbaba gloriosamente en los espacios luminosos. ¡Ah, se me olvidaba: la diminuta pelota que llamáis la Tierra había caído de este lado de los asteroides, y el sol iba a recogerla para proseguir. Este instante, no más largo que la sonrisa de una diosa, los mortales lo llamaríais varios millares de trillones de siglos. Así sois de ampulosos, vosotros los seres de un momento. Pues bien... ¿pero a qué continuar si ignoráis las reglas del juego?

ENTRE el héroe que sencilla y naturalmente ofrenda su vida y el último truhán que ejecuta el acto más antiheroico, ¡cuánta variedad de tipos constituyen el puente entre ambos, salvan la distancia de uno a otro, y sin diferencias perceptibles de eslabón a eslabón, llevan en arriscada curva del santo al pícaro! El héroe vanidoso; el fanfarrón, con heroísmo remoto; el embustero que indirectamente reverencia las acciones heroicas sin poderlas ya realizar; el belitre que ocasionalmente puede ser heroico; el canalla y el bergante que no lo son nunca. En medio de ambos extremos —el santo y el malhechor— está la sección incolora, vasta y espesa en que se emplea tanta vida gris y sin consecuencia.

TODOS tenemos dos filosofías: aquella cuyas ideas morales quebrantamos en nuestra conducta, a causa de nuestra voluntad frágil; y otra filosofía, más humana, con la que nos consolamos de nuestras caídas y flaquezas.

LOS ESPÍRITUS puramente lógicos, los dialécticos, son los más dañinos. La existencia es ya de suyo de los más ilógico y milagroso. En el engranaje silogístico perfecto y ruin de un abogado ergotista muchas instituciones jugosas y lozanas se prensan y se destruyen. Líbrenos los dioses de estos malos bichos, teorizantes, fanáticos, rectilíneos, aniquiladores de la vida.

La complacencia con el trato de los charlatanes acaso no sea más que la falaz y rebelde esperanza de creer que los que están fuera de la ley social nos van a decir algo distinto del monótono e indestructible lugar común.

El saludar y el despedirse son como la puntuación del trato social. Corresponden a una concepción poemática del comercio humano. Despedirse al partir de una fiesta equivale a confesar que se pone punto final a un espacio de tiempo que tiene valor y significación en sí.

El solitario se alimenta de sí mismo, a sí mismo destruye. Su paisaje es siempre el mismo, su universo lleno está de sí mismo. Cuando viaja o frecuenta otros hombres inteligentes, tendrá que hacer muchas rectificaciones a sus juicios, ideas y percepciones, errores que proceden del vicio mental que se llama soledad y que ha estorbado el sano y libre desarrollo de su entendimiento, anquilosándolo en un monólogo infecundo. El romanticismo preconiza y exalta la soledad, pero el siglo xviii, más sabio, ensalzaba la sociabilidad, "flor de la civilización". Del romanticismo data una desproporcionada estimación del yo respecto de los demás. El romántico es a veces un actor genial en un teatro vacío. Él solo llena y rebasa el grande escenario que es el mundo. A menudo antójasenos el romanticismo como una galería de grandes insociables, grandes huraños, grandes egoístas, grandes solitarios.

En una esfera superior desaparecen con frecuencia ciertas contradicciones meramente aparentes y formales. Por eso es tan penoso para algunos espíritus distinguidos el espectáculo de una discusión, en que los frutos son secos, marchitos, verbales, lógicos, sin contenido vital.

> ...la murmuración maliciosa de quien no hay estado que se escape.
>
> Cervantes

Nada tan difícil como destruir una falsa opinión ajena sobre nosotros. Con nada logramos corregir una mala impresión que perdura. Nada podemos hacer para que ciertas gentes muden apreciaciones desfavorables originadas por una actitud tímida; por el chascarrillo a costa nuestra que hizo fortuna y que se recuerda siempre que se nos nombra; por alguna cena en que el vino descubrió modos de ser que no nos son habituales; por habladurías de algún gratuito enemigo cuya vanidad o impotencia rozamos al pasar, sin caer en ello; por una de esas mil causas —no débiles por mínimas— que rigen la formación de los juicios sociales, en que hay mucho de fortuito, de azar, de capricho, de ruindad, de bajeza y de vileza. Nada de esto podemos combatir porque se trata de un adversario de que rara vez nos damos cuenta. Ante la maledicencia estamos totalmente indefensos.

—¿Por qué no fuma usted?
—Porque estoy, entre las virtudes y los vicios, en equilibrio perfecto; y un pequeño vicio más me inclinaría decididamente hacia los vicios.

Los informales desperdician como cosa propia el tiempo precioso de las gentes puntuales.

En amor sólo hay dos situaciones: persigue uno a una mujer o trata de librarse de ella. Pero dentro de esta seca fórmula general, qué variedad cabe de embrollos, de incidentes; qué diversidad de sentimientos, qué prodigio de matices, desde el anaranjado del primer deseo —imperioso y desesperado— hasta el violeta del último desengaño en que de nuevo tornamos al monólogo de siempre, al querelloso y grave monólogo de siempre.

La mujer es una fuerza de la naturaleza, como el viento o el relámpago, terrible desatada; para el que quiere pagar el hospedaje, necesarísima, sujeta a la inteligencia ordenadora. O nos arrolla como al mísero des Grieux, o nos saca como a tantos (a France, por ejemplo) del marasmo de la pereza y la vida estéril. Al igual que Odiseo ante las divinidades incógnitas, acerquémonos a ella temerosos si no sabemos la fórmula mágica que ata y orienta su incontrastable energía.

Un día se hastiaron las sirenas de los crepúsculos marinos y de la agonía de los erráticos nautas. Y se convirtieron en mujeres las terribles enemigas de los hombres.

En el brillo frío de tus ojos y en la risa inhumana de tu boca y también en la olímpica frivolidad de tus razones y de tus gráciles velos, he adivinado que eres uno se estos crueles númenes que vengan alguna antigua y secreta afrenta olvidada ya hasta de los mitólogos más eruditos.

La mujer, al salir de la juventud, pasa de la contemplación desinteresada de las cosas concretas a las generalizaciones, de la pasividad del instinto a la actividad intelectual que todo lo ata y desata. Al principio es sólo ideal espectadora de la vida, en tanto que nosotros, al contrario, comenzamos por ser teorizantes impenitentes y dados a todo género de abstracciones, y con los años asistimos a la bancarrota de nuestras ideologías.

Así, pues, en ellas es más espontáneo el desenvolvimiento de las facultades intelectuales, más natural y libre la historia del espíritu. Tienen sobre nosotros la superioridad de quien alcanza sus conquistas por modo más lento y suave.

En los hogares firmemente edificados se descubre en la esposa mayor comprensión para todo que en el marido, más hondo sentido de los ritmos misteriosos de la vida. Él es a su lado un instrumento de allegarse medios para subsistir, un ser con funciones bien definidas; y tiene nada más la importancia transitoria del macho en ciertas especies zoológicas de que nos hablan los naturalistas.

No hay que envanecerse nunca de una incomprensión.

Quien no tenga nada que decir debe también escribir. Como la figura de Rops sostendrá sobre sus muslos y con los brazos alzados la gran lira a la que manos invisibles arrancarán los arpegios más sibilinos, los mensajes siderales más lejanos.

Alguien hablaba de escritores de imaginación y de escritores de sentimiento. Creo que los primeros, cuando exacerban las condiciones de su índole y producen ideología estéril semejan ventiladores eléctricos dentro de campanas neumáticas. Los segundos, cuando no tienen genio, son absolutamente intolerables.

Un amigo me confesó:
—Mi vocación literaria es tan corta que tengo que prescindir de matrimonio, ambiciones, etc., pues cualesquier preocupaciones de este orden la dominarían y anonadarían.

Prestamos a las ideas calor humano. Somos en algún sentido, su personificación, sus campeones. La distinción espiritual, la suma inteligencia y otros atributos raros asegurarán el triunfo de principios que no se impondrían fácilmente si no tuvieran a su servicio tan eficaces mantenedores.

Un tipo. Lo que solía afirmar era falso las más veces, cuando no trivial. Su dialéctica, especiosa; su énfasis, innecesario; patente su ignorancia de todo. Pero... ¡qué tono de voz estupendo!, ¡qué porte tan científico! Nunca se vio en sabio auténtico mejor estilo, mayor aplomo, superior actitud, más noble seguridad.

III
Prosas dispersas

FANTASÍAS

El poeta Efrén Rebolledo, que vivió tantos años en Oriente que hasta su nombre se transformó en el japonés de Euforén Reboreto San, nos contaba ayer de un prestidigitador que recortaba ante el público una mariposa de papel, que después hacía revolotear con ayuda de un abanico que movía con sin igual destreza. La mariposa levantaba su vuelo incierto; iba de palco en palco, sin detenerse nunca y daba la vuelta por todo el teatro, a gran distancia del juglar, que la seguía con ojos anhelantes y que agitaba sin descanso su frágil abanico de seda y de marfil.

Saudade. Río, sobre morros pintados por Baskst, de violeta, carmesí, escarlata y verdemar. Casas pequeñas con persianas verdes y al fondo hileras de palmeras reales. Cada ciudad tiene su escala, su proporción. Todo lo oprime aquí la vegetación exuberante. La costa ondulada; sus entrantes como Botafogo son casi circulares. Es perezosa la línea de sus bahías profundas. Laranjeiras, Catumby, nombres de barrios donde moran las alentadas heroínas de Machado de Assís. Farou, Caes Farou, callejuelas solitarias en que vagan sombras mundanas del imperio de Don Pedro II. Rua Ouvidor: ofuscamiento por las gemas en los escaparates y por los ojos zarcos de las fluminenses, ojos que rutilan en la piel melada que pulió la brisa marina y que descoloró el trópico.

El médico arrugó el entrecejo y sentenció gravemente:
—Este riñón derecho no me gusta y tendremos que arrancarlo desde luego. Lo mismo que esas amígdalas

que nos pueden dar mañana más de un dolor de cabeza. Los dientes... por supuesto, hay que sacarlos, sin que quede uno. Después seguiremos con el apéndice y con un palmo de intestino, que se nos puede ulcerar cualquier día. Habrá que extraer también la vesícula biliar, que no anda muy bien...

Y salí del consultorio al buen sol de la calle que infundía alegría de vivir en la gentes del barrio. Y he seguido viviendo hasta el día de hoy con mis órganos deteriorados y con mi viejo y casi inservible juego de glándulas.

El profesor leía el pasaje de Kirké. Uno de los alumnos se puso en pie indignado.

—Ese pasaje —prorrumpió— es ofensivo e intolerable para los cerdos, la especie tan vilipendiada y martirizada por nosotros. ¿Por qué se considera perniciosa la trasformación de los compañeros de Odiseo en puercos? ¿Para qué, sin tomarles su parecer, se les convierte de nuevo en seres humanos? Cierto que se les embellece y rejuvenece para darles en algún modo una merecida compensación...

El discurso se volvió ininteligible porque se trocó en una sucesión de gruñidos a que hicieron coro los demás discípulos.

Ante los hocicos amenazadores y los colmillos inquietantes, ganó el maestro como pudo la puerta, no sin disculpar débilmente antes al poeta, y aludir con algo de tacto a su linaje israelita y a la repugnancia atávica por perniles y embutidos.

MUTACIONES

El escritorzuelo innoblemente sentimental y cómicamente emotivo se convierte a la chita callando en el literato de moda más ameno e interesante. Declinará con lentitud el ídolo de una generación y su alto valer antiguo será secreto y recuerdo de algunos pocos. Los impacientes que dejaron la ruta del arte por logros más positivos e inmediatos se convencieron con los años que todos los caminos son ásperos y estarán arrepentidos de haber abandonado el que primero ensayaron. Yace hoy sepultado en vida oscura el mozo inquieto que pareció por un momento señalar con su pluma los nuevos derroteros.

El poeta cuyo renombre persiste en situación privilegiada quebranta la ley del tiempo, según la cual todo debe desaparecer, hundirse y perderse en la nada y en el olvido.

A quien se le cerraron antaño las puertas de los salones, la dama de turbio pasado, en el presente es el más firme sostén de la virtud mesocrática y la más exclusivista e intolerante de las reinas (también efímeras) de la elegancia y la conducta. Si habéis preservado la facultad de sorprenderos, admiraos de que los antiguos criados suplanten a los viejos señores, de que las doctrinas muden de fanáticos y detractores. Aquellos que antes deshicieron luego edificaron, o viceversa. Los que primero encarnaron la incivilidad y rustiqueza hoy se escandalizan ante leve contravención a las leyes de la etiqueta. Quienes otrora campearon en los bandos de la tradición en la hora del día quisieran aniquilarlo todo, comenzando por el propio y estorboso pasado. Bohemios de ayer que garrapatearon en sórdidas tabernas poemas de rebeldía ahora condenan las locuras de la incorregible mocedad.

El tiempo se burla finalmente de todo y parece —como lo notó Balzac— "que la ironía es el fondo del carácter de la Providencia".

Estas mutaciones, no bruscas pero sí considerables, nos llevan a mirarlo todo con recelo y a reírnos de nuestras inevitables contradicciones e insospechados avatares.

NOCHE MEXICANA

Había estallado un motín en la ciudad de México. Una vez más los mexicanos ofrendaban sin tasa su sangre a los antiguos dioses del país. Reaparecía el espíritu belicoso de Anáhuac.

Los roncos cañones de la Ciudadela, las ametralladoras, las acompasadas descargas de fusilería sembraban de cadáveres las irregulares plazoletas de los barrios y la grandiosa Plaza Mayor.

Los soldados rasos morían a millares: desplomándose pesadamente; abriendo los brazos al caer; silenciosos, taciturnos, heroicos. (Los mexicanos no sabemos vivir; los mexicanos sólo sabemos morir.)

En las tinieblas espesas, la cohetería infernal de la metralla iluminaba fugazmente inquietas sombras negras como diablos jóvenes que danzan en torno a las calderas donde se cuece más de un justo.

Y el Popocatépetl —el primer ciudadano de México— se contagió también de divina locura, coronándose de llamas en la noche ardorosa.

ORACIÓN POR UN NIÑO QUE JUEGA EN EL PARQUE

¡Infantilidad, secreto de la vida, no le abandones nunca! ¡Tú que viertes el olvido y el descuido, no le abandones nunca! ¡Ten piedad de sus futuros cuidados!

¡Fantasía, suma benevolencia! que transformas el sórdido jardincillo de arrabal en selva encantada: ¡encanta su camino!

¡Paz interior, la de sonrisas puras y ojos lucientes y asombrados, mana siempre para él asombro y luz!

¡Infantilidad, embriaguez de almas claras! ¡Apártalo del fastidio, del análisis que conduce a las riberas de la nada, del desfallecimiento y del recuerdo!

BALADA DE LAS TRES HIJAS
DEL BUSCADOR DE ORO

Lucía era la menor. Sobre un promontorio, en lo más alto de la roca, se mantenía frágilmente. El viento jugaba con sus cabellos y con sus velos tenues. Ante sí, el grande Océano Pacífico, mar bárbaro, tan hondo como el tiempo, y tan grande que casi es toda la tierra. Sus ojos, a decir verdad, tenían la pálida luz del mar.

Matilde era la mayor. Sus besos más apasionados, para los aventureros de ardiente mirar, gambusinos y corsarios, ¡oh Bret Harte! De la penetrante melodía de su corazón, Matilde parecía escuchar un grave acompañamiento en la música del mar.

Amelia era la tercera hermana. Desde pequeña vivió en remota ciudad. ¿Será actriz, princesa, la esposa de un mercader oriental? Lo ignoro y como nuestras vidas corrieron alejadas entre sí, no sé qué cosa guarda del mar.

EL VAGABUNDO

En pequeño circo de cortas pretensiones trabajaba, no ha mucho, un acróbata, modesto y tímido como muchas personas de mérito. Al final de una función dominguera en algún villorrio, llegó a nuestro hombre la hora de ejecutar su suerte favorita con la que contaba para propiciarse al público de lugareños y asegurar así el buen éxito pecuniario de aquella temporada. Además de sus habilidades —nada notables que digamos— poseía resistencia poco común para la incomodidad y la miseria. Con todo, temía en esos momentos que recomenzaran las molestias de siempre: las disputas con el posadero, el secuestro de su ropilla, la intemperie y de nuevo la dolorosa y triste peregrinación.

El acto que iba a realizar consistía en meterse en un saco, cuya boca ataban fuertemente los más desconfiados espectadores. Al cabo de unos minutos el saco quedaba vacío.

A su invitación, montaron al tablado dos fuertes mocetones provistos de ásperas cuerdas. Introdújose él dentro del saco y pronto sintió sobre su cabeza el tirar y apretar de los lazos. En la obscuridad en que se hallaba le asaltó el vivo deseo de escapar realmente de las incomodidades de su vida trashumante. En tan extraña disposición de espíritu cerró los ojos y se dispuso a desaparecer.

Momentos después se comprobó —sin sorpresa para nadie— que el saco estaba vacío y las ligaduras permanecían intactas. Lo que sí produjo cierto estupor fue que el funámbulo no reapareció durante la función. Tras un rato de espera inútil los asistentes comprendieron que el espectáculo había terminado y regresaron a sus casas.

Mas a nuestro cirquero tampoco volvió a vérsele por el pueblo. Y lo curioso del caso era que nadie había reclamado en la posada su maletín.

Pasados algunos días se olvidó el suceso completamente. ¡Quién se iba a preocupar por un vagabundo!

MUECAS Y SONRISAS

En el ascensor nos encontrábamos a menudo. Acabamos por saludarnos y después por prestarnos servicios de utilidad dudosa: yo a ella le proporcioné cartas de recomendación que no iban a ser tomadas en cuenta; ella a mí me dijo alguna vez que me conservaba lozano en mis treinta y ocho años (en realidad tenía cincuenta). Algo de curiosidad o un vago impulso de cortesía me hacían proseguir el desganado galanteo. Su otoñal y decadente encanto no me atraía ni conquistaba. Era rubia, su tez bastante marchita. Cremas y afeites, en vez de disimularlos, acentuaban los estragos del tiempo. Vestía, eso sí, con singular buen gusto. Era una ruina hermosamente conservada como esas piedras vetustas que la solicitud municipal rodea de amenos prados. Rechazando mis no insistentes ruegos, me confesó tristemente:

—Mi último enamorado no volvió tras la primera entrevista en que me abandoné en sus brazos. Temo que usted hiciera lo mismo.

En el amor más espiritual hay algo de sensual. En el más sensual hay mucho de espiritualidad.

Cuando una mujer nos hastía, nos enfadan todas las que se le parecen, las que son de su mismo tipo.

> Es dolor tan sin medida
> la partida
> que es como perder la vida.
>
> *Villancico anónimo, anterior a 1511*

> *In hours of bliss we oft have met:*
> *They could not always last;*
> *And though the present I regret,*
> *I'am grateful for the past.*
>
> CONGREVE

> ...Ruego que no se arrojen a vituperar semejantes libertades, hasta que miren en sí si alguna vez han sido tocados destas que llaman flechas de Cupido, que en efeto es vna fuerça, si assi se puede llamar, incontrastable, que haze el apetito a la razón.
>
> CERVANTES: *Las dos donzellas*

HACE un año que la perdí. A ratos pienso que su fuga es como una grave derrota mía, ya que, en la corriente veloz que todo lo desune y arrebata, no supe detenerla. ¿Se cansó de mí y huyó por eso de mi lado?, ¿mi exigente y violento amor se le hizo intolerable? No lo sé. Acaso cometí las torpezas de rigor en todo apasionado, y la primera de todas, descubrirle mi lastimosa condición. (No me detengáis, amigos, voy en busca de una mujer que he perdido.)

Tengo grabadas en el alma su cara seria y sus ojos maliciosos, sus rebeldías, sus llamados a la corrección cuando mis caricias se volvían locas. Perdí una mujer y ahora sin reposo la busco anhelante con el ardiente deseo de hallarla, con el temeroso deseo de hallarla. Si al verme huye, si al dar conmigo me dice palabras duras, la habré perdido para siempre, y por eso tengo tanto temor de hallarla. (No me consoléis, amigos, con el cordial de vuestras palabras.)

Y sin embargo no descanso en buscarla: mis ojos sólo escrutan rostros y talles y, en mis melancólicos paseos, me he vuelto insensible para los nobles árboles y las ágiles nubes que se desperezan gentilmente en las brisas ligeras. No veo sino figuras humanas, desconocidas, buscando a la que amo tanto y tan desesperadamente. A veces el ansia de encontrarla es urgente y violenta; otras se apacigua y hasta llego a pensar que he sanado del fiero mal. Pero después me fatiga de nuevo el tormento por verla, por oír su voz... Concentró todo el fuego de mi alma, y me hizo suyo para siempre tan sin desearlo ni saberlo. Llena mi soledad su recuerdo, licor en que me embriago sin medida y sin cordura. Mi pensamiento se abisma en las más pesarosas meditaciones. (Amigos, no os pese de mi callada compañía.)

'TIS PITY SHE'S A WHORE[1]

Del marido mal guardará el honor la que no supo guardar su flor. Lo sé... pero tus dieciocho años...

¿Y los divorcios de tu mamá? Tú me prometes que no te divorciarás nunca. Lo creo. ¿Por qué no? Tus ojos que me miran ahora con tanta fijeza son tan lindos que sería de mal gusto recordar las bellas frases que ha inspirado la perfidia femenina.

Si el amor platónico que tenías al mismo tiempo que el nuestro resultó a la postre menos platónico de lo que me aseguraste aquella tarde... ¡Bah! Haces bien en no usar afeites, y tus labios descoloridos, tu entornar de ojos y tus desmayos, te lo juro, son hoy el único incentivo para poder seguir viviendo.

Los años que median entre nosotros, y tus veleidades ambiguas y todas esas bagatelas que se ponen a considerar los que van a unirse...

Sí, realmente nuestras nupcias serán un disparate... pero ¡uno más en una lista bien larga!

---

[1] Título de una comedia de John Ford, impresa en 1633.

LA INGRATA

La pintoresca señora que en el villorrio había sentado plaza de celestina me dijo:

—¡Ay niño, no me hable de esa pícara! Por todo paso menos por la ingratitud. Que no me pongan delante gentes mal agradecidas. Decía bien mi difunto Guadalupe: mujer chiquita y caballo grande aunque repare. Mire nomás cómo me ha venido a pagar esa desagradecida, a mí que le he servido de madre, que la he criado, a quien debe todo cuanto tiene. Porque habrá de saber la buena persona de usted que mi comadrita Nicolasa, mi vecina, me dijo cuando ya se estaba finando: "Te dejo a Zenaida. Edúcala y haz de ella una mujer de provecho."

"Y la mísera de mí le serví de madre. Y si no aprendió a leer fue porque no quiso; y yo le compré su *Espontini* —su método de bandurria— para que siquiera tuviera alguna gracia. ¿No le parece a usted? Y conmigo nunca le faltó su buen zagalejo de bayeta colorada, su sartal de cuentas de hueso, su sortija de cuerno y sus arracadas de vidrio; y por mí hasta llegó a dormir en catre.

"Y si tuvo buenos amigos, yo se los procuré. Porque primero la rifé, cuando todavía no se hacía pública su desgracia; que por más señas se la sacó el general Borrego, mi compadrito que del cielo goce y en la presencia de Dios se halle. Verdad es que ya había tenido que ver con don Lucas y con Juanito Pérez y con el boticario don Matías.

"Y después de mantenerla y vestirla como Dios manda, porque en mi casa nunca le faltaron sus enaguas almidonadas y su buen rebozo de Tenancingo, venirme a pagar con la más negra de las ingratitudes, juyéndose con el caporal de la hacienda de la Purísima..."

LA BICICLETA

Es un deporte que para practicarlo no necesita uno de compañeros. Propio pues para misántropos, para orgullosos, para insociables de toda laya. El ciclista es un aprendiz de suicida. Entre los peligros que lo amenzan los menores no son para desestimarse: los perros, enemigos encarnizados de quien anda aprisa y al desgaire; y los guardias que sin gran cortesía recuerdan disposiciones municipales quebrantadas involuntariamente.

Desde que se han multiplicado los automóviles por nuestras calles, he perdido la admiración con que veía antes a los toreros y la he reservado para los aficionados a la bicicleta.

En ella va uno como suspendido en el aire. Quien vuela en aeroplano se desliga del mundo. El que se desliza por su superficie sostenido en dos puntos de contacto no rompe amarras con el planeta.

El avión y el auto no guardan proporción por su velocidad con el hombre, que es mayor de la que él necesita. No así la bicicleta.

Raro deporte que se ejercita sentado como el remar. Todos los intentos para compartirlo con otros han sido frustráneos.

Lo exclusivo de su disfrute la hace apreciable a los egoístas.

Llegamos a profesarle sentimientos verdaderamente afectuosos. Adivinamos sus pequeños contratiempos, sus bajas necesidades de aire y aceite. Un leve chirrido en la biela o en el buje ilustra suficientemente nuestra solícita atención de hombres sensibles, comedidos, bien educados. Sé de quienes han extremado estos miramientos por su máquina, incurriendo en afecciones que sólo suelen despertar seres humanos. Las bicicletas son también útiles, discretas, económicas.

Labios que hoy besamos y que mañana estarán exangües, cuando la amiga ocasional repose en la plancha acogedora del depósito de cadáveres. Tendremos que alegar ante el juez de instrucción nuestros honorables antecedentes de horteras respetables o una coartada que no parezca del todo inverosímil.

Astronómica. Nuestra criada era de un pueblecito del Estado de Querétaro, del cual no salió hasta venir a trabajar a México. Tuvo un perro, "Diamante", que cuidaba su ganado. Un tío suyo mató de una pedrada a un jinete insolente. Su astronomía: los ojitos de Santa Lucía, las tres Marías, los tres reyes, las siete cabrillas, el lucero de la tarde.

Jóvenes existencialistas. Se cambian opiniones, catarros, queridas.
 Se elogian o se denuestan según el humor del momento.
 Se enardecen o se apaciguan en la medida de sus bien clasificados temperamentos y complejos.
 Se casan, se divorcian o se amanceban conforme al viento que mueve las hojas.

Hogereña. He recomendado diaria e incansablemente a mi doméstica que no mueva con rudeza mis destartaladas sillas, ni emplee todas sus fuerzas contra mis deslucidos muebles y mis añosos libros. Todo inútil. La polilla ha hecho el resto.

LUCUBRACIONES DE MEDIANOCHE

¡Cuántos millares de parejas tenemos en nuestra ascendencia que viene desde la aparición del hombre en el planeta! ¡Cuántas casualidades han ocurrido para que cada uno de nosotros exista y en este instante se dé cuenta de que su ser reposa sobre un altísimo edificio de cartas! ¡Somos juguetes e hijos de la contingencia infinita!

Como un nadador que en zambullida profunda se enredase en los tupidos yerbajos del fondo de cenagosa laguna, a ratos nuestro espíritu no puede desasirse de los ruines cuidados diarios, para remontarse a regiones más puras de meditación.

El punto antípoda de la exaltación espiritual en que somos subyugados por Diónisos es el instante de hondo aburrimiento en que se aflojan totalmente los resortes de la voluntad y pierden su interés las vagas metas hacia donde gobernamos nuestras vidas. Estos dos polos encierran la vasta gama de nuestras emociones.

Los espíritus hablan a pesar del hipnotizador y del hipnotizado.

El gozo irresistible de perderse, de no ser conocido, de huir.

El pudor de los filántropos está en no ser tiernos.

En el diálogo interior, no hay que emplear la retórica ni las grandes frases. Nada de discursos ni sermones, sino el lenguaje llano de las plazas y mercados, aun cuando esto nos vuelva un poco cínicos.

A veces la sola presencia de alguna persona nos conforta y alienta. Un simple saludo, la sonrisa de un amigo por la calle, nos reaniman y nos hacen olvidar nuestros desfallecimientos.

Los sueños nos crean un pasado.

Abrir un diccionario, leer algo, y dibujarse en el rostro una sonrisa de orgullo satisfecho. El suave placer de ver confirmada una presunción filológica.

El artista. No proponerse fines secundarios en la vida: como posición social, dinero, buen nombre entre las gentes o sus amigos, etc. Su pan y su arte (Nietzsche). El artista tiene una orientación y vive por lo tanto dentro de la moral.

Las profesiones de fe y las declaraciones anticipadas e inútiles de principios son peligrosas y entorpecen y limitan la acción. La perspectiva del tiempo: ¿de qué ha servido tanto acto inhibido en provecho de una absurda unidad de criterio? El criterio mismo ¿no es una regla general que discierne nuestra pereza espiritual para resolver mecánicamente y sin mayores molestias los casos particulares análogos en la vida?

La moral es a la postre un problema estético. Como "estética de las costumbres" la definió Fouillée.

Los débiles, espíritus amantes de lo concreto y de lo definido: cómicos o melancólicos, pero nunca con esa indiferencia filosófica ni la tristeza profunda que producen las amplias perspectivas.

Una hada le había concedido el don de abrir cualquier diccionario justamente en la página donde se hallaba la palabra buscada.

El notable periodista don Luis Lara Pardo solía decir que las mujeres ganan las discusiones con tres argumentos únicamente: sí porque sí; no porque no; y sí pero no.

Unas cuantas experiencias afortunadas dan el sentido de los negocios.

Matemos al cuáquero que todos llevamos dentro.

El heroísmo verdadero es el que no obtiene galardón, ni lo busca, ni lo espera; el callado, el escondido, el que con frecuencia ni sospechan los demás.

Somos una planta de sol (acción); pero también de sombra (reconditez, intimidad, aislamiento propicio al perezoso giro de nuestros sueños y meditaciones).

Esas hojitas secas que se adhieren a la cola del gato, y que él reparte por todos los rincones de la casa, son sus tarjetas de visita.

Hay días en que todo nos es fácil: en que si buscamos algún objeto, lo hallamos, comprobando que no nos ha sido sustraído por infieles criados; en que si llaman a la puerta es para devolvernos el libro que habíamos prestado; en que si encendemos la radio está apagada la estación que solicitamos; y en el ómnibus no nos fastidia con inepcias el habitual impertinente.

El desdeñoso todo lo paga caro y el estafador lo obtiene de balde. Pero entre estos dos extremos hay un término medio, punto equidistante de ambos: el que regatea. Con bajo y exacto sentido de lo que puede alcanzarse con el dinero y sin la osadía del ladrón que pone a riesgo su libertad fructífera.

MEDITACIONES CRÍTICAS

El profesor de literatura no debe comunicar solamente nociones generales ni aturdir a los estudiantes con fechas y títulos, sino crear en ellos el hábito de la buena lectura y suministrarles una somera guía en la selvática espesura de los libros. No es desiderátum echar al mundo poetas, por grave falta que nos hagan los buenos y por mucho que lo exija la austera tradición de ayer, de los Nervos y Díaz Mirones, y de anteayer con los Cuencas y Altamiranos. El objeto a mi ver es el de crear hombres cultos, una aristocracia del espíritu, que los buenos escritores nos vendrán de añadidura.

Hay muchas suertes de mexicanismo: el de pulque y enchiladas; el de jícara y zarape; el mexicanismo de turistas; el de semitas recientemente nacionalizados; el mexicanismo que por auténtico no descubren los extranjeros ni emplea el énfasis de las falsificaciones (el de Fernández de Lizardi, etcétera).

Uno de los peores males de las guerras es la propaganda, la asfixia espiritual de la propaganda, de cualesquier propagandas. La peor es la que utiliza falsedades.

Literatura. El novelista, en mangas de camisa, metió en la máquina de escribir una hoja de papel, la numeró, y se dispuso a relatar un abordaje de piratas. No conocía el mar y sin embargo iba a pintar los mares del Sur, turbulentos y misteriosos; no había tratado en su vida mas que a empleados sin prestigio romántico y a vecinos pacíficos y oscuros, pero tenía que decir ahora cómo son los piratas; oía gorjear a los jilgueros de su mujer, y poblaba en esos instantes de albatros y grandes aves marinas los cielos sombríos y empavorecedores.

La lucha que sostenía con editores rapaces y con un público indiferente se le antojó el abordaje; y la miseria que amenazaba su hogar, el mar bravío. Y al describir las olas en que se mecían cadáveres y mástiles rotos, el mísero escritor pensó en su vida sin triunfo, gobernada por fuerzas sordas y fatales, y a pesar de todo fascinante, mágica, sobrenatural.

Los diálogos socráticos lo demuestran con certeza: El que sabe hacer algo nunca acierta a explicar la finalidad última de sus actividades. El que fracasa discierne en cambio perspicazmente los principios del arte.

Los viejos estamos un poco obligados a conocer a los nuevos valores literarios, hasta los de segunda categoría; pero de ningún modo a los de la decimosexta fila.

Tan pronto como un escritor nos descubre la mecánica de su pensamiento, sus hábitos mentales, sus reacciones acostumbradas y el cielo bajo de sus ideas preferidas se nos cae de las manos y de la gracia. Guárdate de descubrir tus rutinas y tus procedimientos y haz creer que tu cerebro no repite jamás sus operaciones y que la tapa de tus sesos es el espacio infinito.

Obras en que el autor se pone en ellas todo entero. Obras que son sondeos por las menos exploradas regiones del alma. Obras que renuevan los símbolos y las imágenes con que traducimos nuestro pensar. Comunicación de estados de ánimo en que el espíritu se halla en descuido o en tensión, inefables. Hastío del fárrago literario y de la explicación, y de las concesiones y mutilaciones en provecho de la comunicación. Verdades oscuras y densas, impenetrables a los muchos, y que hacen florecer la fantasía de los pocos.

Política femenina de los literatos. Así como una mujer bonita nunca elogia a una que lo sea más, el escritor que se administra bien se guarda de ensalzar a un posible rival; ayuda a los que empiezan, empero jamás a los que están cerca de la meta.

Cuando alguien reacciona contra los que le preceden, contra los mayores, contra las modas bajo las cuales creció, algo y mucho recibe de aquello mismo que combate.

Machado de Assis. El escritor no puede sino reflejar su propia vida, y así Machado de Assis nos ofrece cuadros de tintas apagadas en que las sonrisas acaban en lágrimas y en ternuras las ironías. Algo como el arte de Greuze, arte de interiores y de gracia infantil. Arte como el de Daudet y el de Coppée, de muy hondas raíces emocionales.

Bajo cualquier moda se descubre el hombre de genio. No importan las condiciones de estilo y expresión que una época impone al artista creador. Si éste lo es de veras, a vueltas del tributo pagado al culto del momento, reverenciará a los verdaderos númenes, a las normas supremas del arte puro. Y los poetillas y míseros prosélitos que se adueñaron trabajosamente de las maneras y recursos superficiales de una moda pasajera se quedarán con sus inanes frutos. Lo lamentable es que también pasan y se olvidan los buenos libros. Pero este desvío e injusticia es muchas veces transitorio, en tanto aparece un erudito curioso que evoque, de entre las apretadas falanges del ayer, al ingenio que no se satisfizo plenamente con las ideas de su tiempo, y que las rebasó y superó, en ocasiones sin que lo notaran sus desaprensivos contemporáneos.

Cómo se deshace la fama de un autor. Se comienza por elogiarle equivocadamente, por lo que no es principal ni característico en él; se le dan a sus ideas un alcance y una interpretación que él no sospechó; se le clasifica mal; se venden sus libros, que todos exaltan sin leerlos; se le aplican calificativos vacuos: el inevitable, el estimable, el conocido, el inolvidable, etc. Poco a poco disminuyen en revistas y libros las menciones y referencias a lo suyo. Finalmente se le cubre con la caritativa sombra del olvido. ¿Resucitará?

Si como a profesor de Literatura se me pidiera que señalara dos de las mejores novelas cortas mexicanas del siglo XIX me pronunciaría por *Angelina* de don Rafael Delgado y por alguna de las novelas de don Ignacio Manuel Altamirano, *Clemencia*, *La Navidad en las montañas* o *El Zarco*.

En *Angelina* todo armoniza admirablemente: la delicadeza sensitiva de los protagonistas; la extrema dulzura del medio ambiente; el mal entendimiento tan propio de jóvenes de nuestras ciudades.

Altamirano pinta al buen ciudadano, al bueno y al mal soldado, al salteador de caminos, al noble cura que ejercita santamente su ministerio entre la gente sencilla de un pueblecito, etc. Pero estas novelas del Maestro guerrerense tienen algo en común, que es el punto de partida: la desacertada elección que hace la heroína en cada una de ellas. La hembra que elige mal, que sufre el prestigio romántico del héroe falso, que cae en la añagaza de la apariencia, que sucumbe al exterior brillante y engañador es la causa primera de la acción de estas lindas novelas de Altamirano. Todo en ellas es consecuencia de esta atracción natural de la hembra por lo llamativo y aparente.

Una buena novela no sólo ha de tener ambiente, personajes, sucesos, acción, sino que debe contener sustancialmente elementos que nos inciten a seguir viviendo, principios vitales que pongan en movimiento nuestra voluntad, que estimulen nuestro gastado querer con voliciones coercitivas que entrañen y representen un interés nuevo por la vida y por el mundo. Con ser perfectas las novelas de Flaubert hoy están cada día más olvidadas por engendrar representaciones —acaso reales, pero depresivas e infecundas. Sólo temporalmente alcanzaron gran boga siendo hoy preteridas por la valiosa *Correspondencia*, verdadero breviario del hombre de letras, como el célebre *Diario* de los Goncourt. Hay algo en común entre las grandes novelas de Flaubert y el arte desesperado y sombrío de Odilon Redon.

La moralidad en una novela es un elemento vital. Si se impone a nuestra atención un trozo de vida en que acaben por triunfar fuerzas perversas y siniestras no nos sentiremos llamados a una lucha que se prevé inútil finalmente. No es preciso que el desenlace sea risueño, no. No lo es, por ejemplo en *Le Père Goriot*, obra creada como la tragedia del *Rey Lear* con la ingratitud filial femenina como tema. Y sin embargo esta obra maestra nos deleita siempre. Sin decírnoslo expresamente, Balzac nos cuenta un caso excepcional de ingratitud. En el libro percibimos su carácter de desagradecimiento insólito. No todas las hijas responden a un amor paternal con la frialdad de corazón de Anastasia y Delfina. Corroboran esta alentadora representación de la humanidad personajes como Rastignac y Bianchon, piadosos, abnegados, batalladores.

Tras sus libros y papeles se hallaba el autor célebre mascullando blasfemias contra la turba de sus discípulos que con sus fáciles imitaciones habían arruinado completamente sus poesías y su fama.

Hay artículos de crítica —los peores— que tienen lamentable semejanza con alegatos de abogado.

X hacía muchas explicaciones y salvedades pero en realidad no tenía nada nuevo que decir.

Hay escritores que a ratos dejan entrever las principales cualidades y limitaciones de su raza. Así Nerval.

Ese garrapateado con falsas elegancias y perendengues de pésimo gusto, de estilo pomposo y vacuo, promueve simpatía para los que escriben con sequedad.

No creo que a nada conduzca comparar épocas literarias y afirmar que el modernismo de Gutiérrez Nájera a José Juan Tablada es superior o inferior a la lírica de hoy con Octavio Paz, Novo, Villaurrutia, Gorostiza y demás. Como viejo que soy —hombre al fin del siglo xix o del xviii— prefiero el modernismo finisecular. Pero esta opinión mía es muy discutible. Los poetas del día se han libertado por completo de toda traba de forma, como los pintores abstraccionistas de cuanto huele a realismo, literatura, asunto, dibujo, etc. Pero tal estado, como toda moda, no es sino un momento del perpetuo devenir.

Xavier Villaurrutia fue uno de los escritores mejor enterados que ha producido nuestro país. Su influencia perdura hoy y su papel de corifeo de *Contemporáneos* es cada día más evidente.

Ley de salud mental: no sufras por cosas imaginarias.

No pierdas de vista tus ideas fijas. Mantente alerta porque son la puerta que da a la locura.

Escribe luego lo que pienses. Mañana ya será tarde. Tu emoción, tu pensamiento se habrán marchitado. El escritor ha de tener a su servicio una firme voluntad; siempre ha de estar dispuesto a escribir (esa sombra de la acción).

Escribir hoy es fijar envanescentes estados del alma, las impresiones más rápidas, los más sutiles pensamientos.

ARTÍCULOS

MARCEL PROUST

La epopeya de los celos y el snobismo. Paul Valéry es acaso el genio del ayer en las letras francesas. Gide tuvo sus partidarios apasionados, y Claudel, sus devotos fervorosos. Alain —un ensayista de la estirpe de Montaigne, Pascal y Vauvenargues— es menos apreciado del gran público, pero no menos digno de estima.

El último genio reconocido y admirado universalmente es Marcel Proust, cuya excelsa cumbre aún domina las letras francesas y acaso también las europeas.

Proust pudo haber comenzado su gran obra A la búsqueda del tiempo ido diciendo: "¡Canta, oh Musa, los celos y el snobismo..."

Mago que evoca para nosotros en el mundo de sus fumigaciones su vida mundana; nuevo Orfeo que intrépido y tenaz vuelve al orco del olvido en busca de las sombras amadas, de la Eurídice incorruptible y resplandeciente, de las horas vividas; que en insistentes tentativas acaba por crear, para regalo de nuestros sentidos e inteligencia, una realidad exuberante, llena de cambiantes reflejos, con perdurables y acariciadoras resonancias, plena, multiforme, total.

A las gentes que han desempeñado gran papel en nuestra vida acabamos por agregar, en el recuerdo —con la huella de lo que más hondamente remueve nuestra sensibilidad y agita la inteligencia—, los personajes de A la búsqueda del tiempo ido: la duquesa de Guermantes, hada mundana llena de sutileza, tan femenina ante la pasión que Marcel abriga por ella, como real en su misma indolencia para servir a los demás. El barón de Charlus, alma medieval con extrañas inclinaciones; famoso tipo por sus pasiones, sus impertinencias principescas, sus cortantes ex abruptos, su calidad exquisita de *arbiter elegantiarum* en los círculos más exclusivos e inexpugnables. El modelo real de Charlus fue el conde Robert de Montesquiou Fesanzac, poeta y mecenas de grandes maestros del arte moderno. Madame de Villeparisis, gran señora a quien no se recibe, por su *liaison* con el ex embajador Norpois, conceptuoso, trivial y ejemplar en último término de muchos gloriosos hombres de Estado.

La abuela del protagonista, tan humana, tan gran corazón, tiene algo de homérico en su naturaleza. Sólo viejas familias burguesas suministran esos admirables ejemplares de señoras que resumen en sí tanta experiencia del mundo y tanta bondad. Y Swann, inteligente, certero crítico en achaque de pintura, que exorna sus sentimientos descubriendo en Odette ademanes y actitudes de las ondulantes figuras de Botticelli. El pobre Swann vivirá las horas más patéticas de este tiempo evocado.

En Proust sentimos, al precisar un modo de saludar propio de Saint-Loup, o al individualizar una suerte de ingenio privativa de los Guermantes, que nos extraviamos, que finalmente perdimos el hilo vago que nos guiaba, que hemos embarrancado en el pormenor singularmente engrandecido por una lente maravillosa, iluminado por intensísimo reflector. Pero luego reanudamos el camino ágilmente: de nuevo tornamos a orientarnos; todo vuelve a desplazarse y a animarse; los personajes se desenvuelven en direcciones imprevistas; evolucionan no solamente en el plano social, sino que también se mudan en su naturaleza íntima bajo el influjo de ciertos seres (de Odette, en el caso de Swann; lejos de Rachel, a propósito de Saint-Loup). Y así se va desarrollando la acción, con lentitud pero sin reposo, en una especie de polifonía wagneriana; y el alma del lector se anega en algo como deleite musical. Este ritmo en Proust, en que se esclarecen todas las complejidades y se revela hasta lo mediumnímico que es aún la expresión del rostro menos vigilado por la conciencia, este ritmo, repito, me parece lo más parecido al de la vida misma, que recuerdo en libros modernos. En este andar sin premura y sin descanso se va descubriendo en efecto una enmarañada madeja de móviles en el menor acto, y sondeando provechosamente en las voliciones de los héroes. Nada es casual en el mundo proustiano. Aun la errónea pronunciación con que la Cambremer cita un apellido procede de la imitación de alguno a quien la *snob* provinciana creyó enterado de las bogas parisienses. Lo indefinible que singulariza una actitud habitual, algo aparentemente sin significación, una presentación por ejemplo, es a menudo un signo atávico. La manifestación casi zoológica del contento en el bravo doctor Cottard existe menos depurada en algún otro miembro de su familia, en el primo René, verbigracia. Proust lo nota, lo apunta, lo consigna todo: siempre hay algo insignificante en apariencia, inconsciente en el sujeto, que lo revela e individualiza, y que lo relaciona con los suyos en las diversas generaciones.

De nada aprovechan aquí los conceptos de real e ideal. La vida analizada de este modo resulta ser lo más bello y poético que pueda darse. Muchas páginas de estos libros inmortales encierran más poesía pura o de la mejor ley, para ser más exactos, que las obras completas de algunos versificadores contemporáneos. Hay aquí en efecto un hervir de sentimientos y pasiones de todo orden: de Marcel por Gilberta, por la duquesa de Guermantes, por Albertina; de Swann por Odette; de Saint-Loup por Rachel; de Charlus por Morel; de la princesa de Guermantes por Charlus...

Desde la hipocresía venial que implican los buenos modales hasta el misterio fatal con que una alma se siente atraída por otra; cuanto hay tras las relaciones sociales y en torno al comercio de los hombres, Proust lo percibe y exhibe de modo incomparable. Nadie acaso ha estudiado desde Thackeray para acá, como Proust, el snobismo y sus punzantes y variadísimos tormentos. Amistades, inclinaciones, simpatías, odios, sentimientos filiales, de todos los matices y voltajes. Y un exaltado amor por la naturaleza, una comunicación íntima con ella, revelados por toda la obra en gran variedad de paisajes, desde los jardines de ninfeas en el Vivonne hasta las marinas de Balbec, con tardes de formidables tormentas.

En Proust hay una variedad y una grandeza de comparaciones verdaderamente homéricas. Abro al azar un libro de *A la Recherche...* y hallo una de tantas bellas muestras que pueden aducirse para corroborarlo: "Semejante al marinero que ve bien el muelle donde amarrar su barca, sacudida sin embargo aún por las olas, tenía yo el propósito claro de mirar la hora y de levantarme, pero mi cuerpo era a todo instante rechazado en el sueño."

Biblia de nuestro tiempo; clave para entender el complicado mundo moderno; alfabeto mágico que nos permite leer en cerebros y corazones cuanto es posible hallar en ellos; Ilíada de nuestra edad, refinadamente aristocrática, como la otra y en que palpita y se afana toda una sociedad infinitamente variada.

MONSIEUR LE TROUHADEC CAÍDO EN EL LIBERTINAJE

AFIRMA M. Jules Romains su fe en que el teatro, heredero de la tradición milenaria de rapsodos y juglares, y la gran poesía son los únicos géneros que "pueden resistir un desvío peligroso del espíritu moderno, y salvar en nosotros una de las facultades más preciosas del hombre". Y más adelante explica de modo profundo por qué hemos de conceder tanta importancia al teatro y a la poesía:

Al teatro —dice—, porque conduce a buenas o de mal grado la creación literaria a su máximo de materialidad y de objetividad. A la poesía, porque impide al lenguaje degenerar hasta convertirse en mero signo abstracto; porque en vez de dejarlo consumirse en una álgebra silenciosa lo obliga constantemente a nuevos esfuerzos de organización sonora; y porque conserva y rejuvenece su temple de materia artística.

Sólo un gran dramaturgo y un gran lírico puede deslindar estas cuestiones con tal perspicacia y hondura. Y en efecto —aquí el desplazamiento de espacio vale por el desplazamiento de tiempo—, en América ¿quién duda que entre lo que se salvará y perdurará de nuestra época serán piezas como *Knock* y libros como *Odes et Prières* y *Amour, couleur de Paris*?

Al día siguiente de la representación por M. Jouvet de una de las más finas comedias del señor Romains —académico para gloria de Francia—, escribí las siguientes notas sueltas, que nada importan y que consigno aquí no por otra razón sino por su brevedad.

Monsieur Le Trouhadec saisi par la Débauche (1923). Le Trouhadec es un disimulado don Juan y un colega para Trestaillon, que se ha retirado de los negocios (escalamientos y robos con fractura); para otros, un jugador que posee el secreto de ganar siempre; un sabio para quienes le han revestido con la celebridad oficial. Esta diversidad de opiniones, esta suerte de juego de espejos, da al héroe singular realidad. Únicamente el espectador y Benin juzgan a Trouhadec a la luz solar sin atribuirle un modo de ser ficticio, o en otros términos, sin tener que inventarlo.

—Le Trouhadec es verdaderamente el mártir de la respetabilidad. Me explicaré. Una gran posición social, una celebridad científica o de cualquier otro orden confina al hombre en un mundo demasiado estrecho y de dudosa amenidad. Ha de ser irresistible en tales casos la *fames in vulgus*, el señuelo del bajo fondo social. Supersticiones y hechicerías, gratas al folklorista; pasiones y sentimientos elementales que complacen al stendhaliano; historias pintorescas —a la vez vulgares y mágicas— que deleitan al humanista.

—El amor —aun el venal— es siempre un proceso interesante para el naturalista que todos llevamos dentro, sobre todo cuando se tiene como el señor Romains una poderosa lupa o más bien un microscopio electrónico que revela hasta los más oscuros móviles.

—El dramatismo de la pieza viene de lo que es una triste certidumbre de nuestra época: el más respetable personaje presenta el costado descubierto a los tiros de la calumnia, del chantaje, o simplemente a una desastrada combinación de sucesos aparentes. Hay cierto *pathos* en *Monsieur Le*

Trouhadec. Los peligros de que lo salva Benin son tan inminentes que en el espectador perdura una nota dominante de inquietud. Por cómico que sea el personaje, Trouhadec representa —muy ridículamente si gustáis— la inteligencia, la intelectualidad. Aun cuando vaya de caída en caída, del amor de Rolande a la aceptación del cofre de alhajas que le libra el ladrón, es un hombre de ciencia, un intelectual. Y la inteligencia, como dice nuestra Sor Juana, está indefensa: ... "La riqueza y el poder castigan a quien se les atreve: y el entendimiento no, pues mientras es mayor, es más modesto y sufrido y se defiende menos."

—Benin es un tipo que tiene cierta afinidad con el Mascarille de *L'Étourdi* y cuyos antecesores remotos son los esclavos de Plauto, llenos de recursos y expedientes salvadores.

—*Le Trouhadec* es una comedia que se mantiene dentro de la mejor tradición teatral; que vuelve a renovar en nuestros tiempos temas clásicos como el amor venal, el amor del viejo: con una galería selecta de personajes contemporáneos, desde la actriz buscona y el honorable editor de libros sobre el juego hasta el amigo invencionero que por largas vías lleva a la comedia antigua. Y en todo esas cualidades supremas del maestro, la seguridad de mano en el trazo, la fuerza de la concepción y en la realización y la sobriedad.

ODISEO, SIMBAD Y RÓBINSON

Al leer la Odisea vienen a nuestro recuerdo lecturas de la infancia, Róbinson y Simbad.

Róbinson como Odiseo pasa muchos años ausente de su patria, y lucha con una naturaleza hostil, la que acaba por cambiar en benigna. Como el rey de Ítaca, el inglés pasa largo tiempo a solas, en soledad impuesta por azares del mar, y que es muy diversa de la soledad del ermitaño, poblada toda de meditación. La soledad de estos héroes es toda acción y lucha con un mundo exterior enemigo.

En Inglaterra, en el siglo xvii, la simpatía popular acogió a los corsarios como Drake que saqueaban puertos españoles de América, y a los marinos como el malaventurado Sir Walter Raleigh, cuyas biografías abundan en hazañosos hechos.

En el siglo xviii el héroe nacional inglés es Crusoe, menos belicoso pero igualmente enérgico y vital que los piratas isabelinos; más tenaz que ellos, y en una lucha menos viva e intensa pero más sostenida; con cualidades no sólo del corazón, sino antes bien de la inteligencia para domeñar un medio ambiente inhospitalario.

Así nos aparece Odiseo el nauta, el descubridor, el fértil en recursos, ante los héroes de las Ilíada, *ptoliportos* o destructor de ciudades del litoral, saqueador de puertos que, tras la sorpresa y la rapiña, distribuye con los compañeros equitativamente cautivos y riquezas de villas aún mal localizados como Crisa, Tebas de Hipoplaquia, etcétera.

Las aristocracias jonias y eolias de las ciudades marítimas de Asia Menor, que fueron las primeras en escuchar, allá por el siglo VIII antes de Cristo, de labios de aedos o cantores, en fiestas religiosas, los cantos homéricos, han de haber experimentado acaso un cambio de modas en cuanto a sus héroes favoritos como Inglaterra en los siglos XVII y XVIII, según dejamos dicho.

Odiseo, el marino atenaceado de curiosidad geográfica, viajero y descubridor de maravillosos países, rudo y varonil triunfador de peligros continuos, sustituye en el favor del auditorio de mercaderes enriquecidos por la piratería (ésta no tenía según parece nada de infamante, por esos remotos tiempos) a los reyes y príncipes que combaten o defienden la bien murada ciudad de Troya, saqueadores de villas, avezados a las correrías y a la rapacidad en las aventuras.

Es bien sabido que Defoe en su célebre novela tuvo muy en cuenta la historia del marino escocés Alejandro Selkirk, quien padeció una relegación por 4 años y 8 meses en la isla deshabitada *Más Afuera* del archipiélago de Juan Fernández (frente a la ciudad de Valparaíso). Selkirk formaba parte de la tripulación de un barco inglés, de un bucanero, y por disputas con el capitán de éste —un tal Pradling— fue desembarcado en la isla. Hay antecedentes de abandono en lugares solitarios de marineros insumisos. Así Magallanes aplicó el mismo castigo a Juan de Cartagena y a un clérigo levantisco. Aun en la isla de *Más Afuera*, años antes que Selkirk, había sido desembarcado un tripulante indio por el célebre Dampier.

Selkirk estuvo en la isla desde 1704 hasta 1709 y el capitán que le socorrió —Wood Roggers— publicó en 1712 las peripecias verdaderas del escocés que siete años más tarde había de aprovechar Defoe en su *Robinson Crusoe*.

Prefirió Selkirk ser abandonado en tierra a implorar el perdón del capitán Pradling. Idiosincrasia típicamente escocesa, que un siglo después atraerá la ironía exquisita de Charles Lamb en el ensayo *Simpatías imperfectas*.

Selkirk cazaba cabras, dándoles alcance. Abundaban felizmente en la isla; y en la bajamar, recogía cangrejos que fueron su principal alimento. Entre las calamidades que le afligieron no fue la menor una plaga de topos que roían todo, hasta los pies del buen hombre. Con gatos que acudían a pernoctar en torno a las dos pequeñas cabañas que había construido el industrioso caledonio, los topos fueron exterminados.

El barco en que fue rescatado atracó en *Más Afuera* para proveerse de cangrejos. Crusoe sitúa la isla de Róbinson en el estuario del Orinoco, en cuya latitud no existen leones marinos. A varios barcos españoles que pasaron por la isla, Selkirk no quiso pedir auxilio, temiendo ser castigado por proceder de un barco bucanero.

Dice Roggers que, cuando dio con él, había perdido a tal punto la costumbre de hablar, que pronunciaba sólo a medias las palabras, por lo cual se pasó largo tiempo sin que se le pudiese entender. Al principio rechazó el aguardiente que se le ofrecía, por temor de quemarse el estómago con un licor tan fuerte; y transcurrieron varias semanas para acostumbrarse a las viandas cocinadas a bordo. Los primeros lectores de Róbinson pudieron haber conocido a Selkirk que regresó en 1711 a Inglaterra y que murió en 1721. Abandonó de seguro la isla de *Más Afuera* bajo los deplorables efectos de embotamiento espiritual que trae consigo una soledad prolongada. En el comercio humano nuestras facultades mentales se ejercitan y se acrecientan. La sociabilidad es la flor de la civilización. La revista italiana *Oggi* (año XVIII, número 27, de julio de 1962) publicó interesantes fotografías, de *Más Afuera*, logradas por el fotógrafo Sergio Larrain.

Por lo que hace a Simbad, hay que reconocer que, como en la Odisea, se trata de viajes reales desfiguradísimos por virtud de una larga tradición escrita, y atribuidos a un solo personaje.

C. R. Beazley en su libro *The Dawn of Modern Geography* dice: "Los *Viajes* de Simbad son una relación 'verdadera' con un poco más de misterio y exageración que de costumbre, de las experiencias de primitivos marineros árabes en el Océano Índico, seleccionadas y arregladas para uso popular."

En la misma obra se asienta más adelante: "Las hazañas de muchos viajeros se atribuyen a un solo hombre; el cual sale bien librado, con increíble frecuencia y buena fortuna de toda clase de peligros; pero hay pocos incidentes, aun los más sorprendentes, que no pueda demostrarse a lo último que están fundados en hechos."

Se reconoce generalmente que *Las mil y una noches* recibieron su forma actual en las postrimerías del siglo xv y en los primeros años del xvi. Se trata sin embargo de cuentos viejísimos que han hecho un largo viaje a través de diversas lenguas antes de llegar a labios de Sheherazada. Los mejores y la mayoría de ellos viene, según se estima, de la India, y se han perdido las colecciones originales. A través del persa, del siriaco han llegado estas narraciones a los semitas (hebreos y árabes), razas que no parecen haberse señalado por su imaginación y poder inventivo.

MACHADO DE ASSIS

Joaquín María Machado de Assis nació en Río de Janeiro, en 1839. Hijo de negros, su extracción fue humilde: el padre era pintor de fachadas, y la madre, en ocasiones, doméstica. Abrirse paso para llegar a ocupar el sitio destinado en la vida no carece sin duda de asperezas, aun en el benévolo ambiente del Brasil. El futuro escritor comienza por ser sacristán de la iglesia de Lampadosa, aprendiz de tipógrafo, corrector de pruebas. Aparecen poco a poco los protectores: el librero Paula Brito, Francisco Octaviano, nombre ilustre en la historia de la prensa brasileña. Desde temprano apunta la vocación literaria firme, segura, dominadora.

A los diecinueve años escribe reseñas de libros, bajo el título de *O passado, o presente e o futuro da literatura*, en la *Marmota* de Paula Brito. Frecuenta los cenáculos de la época: la librería de Paula Brito, el estudio del doctor Filgueiras, finalmente la tienda de libros de su futuro editor Garnier. A los treinta años se casa con una dama portuguesa, hermana de un escritor satírico; y su matrimonio es excepcionalmente feliz. Su origen humilde, los prejuicios de raza, la pobreza invencible y una enfermedad incurable (la epilepsia, que se precisa a los cuarenta años) ennoblecieron su vida y pusieron en su carácter cierta nota de modestia, de delicadeza excesiva en los afectos, de represión y dominio absoluto en sus expansiones y entusiasmos. Fue un melancólico y un irónico más bien que un optimista generoso.

Hacia los cuarenta años, y acaso por influencia de la escuela de Médan, abandona su manera romántica, e inicia el periodo de sus libros más importantes: *Las memorias póstumas de Braz Cubas* y *Don Casmurro*. Por esta época se agrava su pesimismo que sólo se refleja en apreciaciones rápidas y en su repugnancia a vaciar la parte más seria de su pensamiento en el molde de un sistema filosófico coherente. Murió el 29 de septiembre de 1908, habiendo sobrevivido cuatro años a su esposa, su adorada Carolina. Murió de cruel enfermedad: una úlcera cancerosa en la boca, y su antiguo mal, la epilepsia, se recrudeció en sus tristes años de viudez.

"Era un insigne descifrador de almas", dice su excelente biógrafo Alfredo Pujol, de quien extractamos todas estas noticias biográficas. En efecto, no se complace en describir la naturaleza, sino en penetrar en las complejidades del alma humana. Con los Goncourt pudo haber dicho: "En la fisonomía de la mujer y en la palabra del hombre estriban solamente mi placer y mi interés." Los cerros de formas caprichosas, las peñas crudamente coloridas, la línea perezosa de las bahías profundas, la exuberante vegetación del paisaje *carioca*, la gloria del trópico que es Tijuca y el regalo de los ojos que son Copacabana, la Gavea y los panoramas desde Corcovado y el Pâo de Assucar tienen débil eco en el arte de este escritor, afín de los humoristas ingleses del siglo XVIII.

Las heroínas de Machado son creaciones de singular vigor. Acaso haya sido el gran retratista de la criolla brasileña, llena de femineidad delicada y etérea como figura de vieja litografía, y a la vez humana y discreta como las mujeres del teatro de Lope de Vega. Las protagonistas de Machado, sobre todo en su manera romántica de los primeros libros, se entregan por entero al amor, sufren pasivamente su dominación avasalladora, rebosan devoción y espíritu de sacrificio, pero conservan en el fondo un sentido firme de la dignidad femenina, de las conveniencias sociales, y de los rígidos preceptos morales que presiden las vidas puras.

Traducimos a continuación un pasaje de *Don Casmurro*, que muestra bien el exquisito ingenio del gran escritor.

Es tiempo

Mas es tiempo de tornar a aquella tarde de noviembre, una tarde clara y fresca, sosegada como nuestra casa y el trecho de la calle en que morábamos. Verdaderamente fue el principio de mi vida: todo lo que sucedió antes fue como el pintar y vestir de las personas que van a entrar en escena, el encender de las luces, el afinar de los violines, la sinfonía... Ahora iba yo a comenzar mi ópera. "La vida es una ópera", me decía un viejo tenor italiano que aquí vivió y murió... Y explicóme un día la definición, en tal manera que me hizo creer en ella. Tal vez valga la pena darla: es sólo un capítulo.

La ópera

Ya no tenía voz, mas se obstinaba en decir que la tenía. "El desuso es el que me hace mal", añadía. Siempre que una nueva compañía llegaba de Europa, iba al empresario y le exponía todas las injusticias de la tierra y del cielo; el empresario cometía una más, y él salía vociferando contra la iniquidad. Le quedaba aún el aire de sus papeles. Cuando andaba, a pesar de lo viejo, parecía cortejar a una princesa de Babilonia. A veces tarareaba, sin abrir la boca, algún trozo tan antiguo o más que él; voces así sofocadas son siempre posibles. En ocasiones comía conmigo. Una noche, después de mucho Chianti, me repitió la definición de costumbre, y como yo le dijese que la vida tanto podía ser una ópera como un viaje por mar o una batalla, movió la cabeza y replicó:

—La vida es una ópera y una gran ópera. El tenor y el barítono luchan por la soprano, en presencia del bajo y de los comprimarios, cuando no son la soprano y la contralto quienes riñen por el tenor, en presencia del mismo bajo y de los mismos comprimarios. Hay coros numerosos, muchos bailes y la orquestación es excelente...

—Pero, mi caro Marcolini...

Y, después de beber un trago de licor, dejó la copa, y me expuso la historia de la creación, con palabras que voy a resumir.

Dios es el poeta. La música es de Satanás, joven maestro de brillante porvenir, que aprendió en el conservatorio del cielo. Rival de Miguel, Rafael y Gabriel, no toleraba la precedencia que ellos tenían en la distribución de los premios. Puede ser también que la música en demasía dulce y mística de aquellos otros condiscípulos fuese odiosa a su genio esencialmente trágico. Tramó una rebelión, descubierta a tiempo, y fue expulsado del conservatorio. Todo hubiera quedado así si Dios no tuviese escrito un libreto de ópera, el cual dio de mano, por entender que tal género de entretenimiento era impropio de su eternidad. Satanás llevó el manuscrito consigo para el infierno. Con el propósito de mostrar que valía más que los otros —y acaso para reconciliarse con el cielo— compuso la partitura, y luego que la acabó fue a llevarla al Padre Eterno.

—Señor, no olvidé las lecciones recibidas —díjole—. Aquí tenéis la partitura, escuchadla, enmendadla, hacedla ejecutar y si la halláis digna de las alturas, admitidme con ella a vuestros pies...

—No —respondió el Señor—, no quiero oír nada.

—Mas, Señor...

—¡Nada! ¡Nada!

Satanás suplicó todavía, sin mejor fortuna, hasta que Dios, cansado y lleno de misericordia, consintió en que la ópera fuese ejecutada, mas fuera del cielo. Creó un teatro especial, este planeta, e inventó una compañía entera, con todas las partes, primarias y comprimarias, coros y bailarines.

—¡Escuchad ahora algunos ensayos!

—No, no quiero saber de ensayos. Bástame haber compuesto el libreto; estoy pronto a dividir contigo los derechos de autor.

Fue tal vez un mal esta negativa; de ella resultaron algunos desarreglos que la audición previa y la colaboración amistosa habrían evitado. En efecto, hay lugares en que el verso va por la derecha y la música por la izquierda. No falta quien diga que en eso mismo está la belleza de la composición, en huir

143

la monotonía, y así explican el terceto del Edén, el aria de Abel, los coros de la guillotina y de la esclavitud. No era raro que los mismos lances se reprodujeran sin razón suficiente. Ciertos motivos cansan a fuerza de repetición. También hay oscuridades; el maestro abusa de las masas corales, encubriendo a menudo el sentido de manera confusa. Las partes orquestales son, por el contrario, tratadas con gran pericia. Tal es la opinión de los imparciales.

Los amigos del maestro pretenden que difícilmente se puede hallar obra tan bien acabada. Uno que otro admite ciertas rudezas y tal cual laguna, mas en la representación de la ópera es probable que éstas sean colmadas o explicadas, y aquéllas desaparezcan completamente, sin negarse el maestro a enmendar la obra donde hallare que no responde del todo al pensamiento sublime del poeta. Ya no dicen lo mismo los amigos de éste. Juran que el libreto fue sacrificado, que la partitura corrompió el sentido de la escritura, y aunque sea bonita en algunos lugares, y trabajada con arte en otros, es absolutamente diversa y hasta contraria al drama. Lo grotesco, por ejemplo, no está en el texto del poeta: es una hinchazón para imitar a las *Alegres comadres de Windsor.* Este punto es discutido por los satánicos con alguna apariencia de razón. Dicen ellos que, en el tiempo en que el joven Satanás compuso la grande ópera, ni esa farsa ni Shakespeare eran nacidos. Llegan a afirmar que el poeta inglés no tuvo otro genio sino el de transcribir la letra de la ópera, con tal arte y fidelidad, que se confunde con el mismo autor de la composición; mas evidentemente es un plagiario.

—Esta pieza —concluyó el viejo tenor— durará lo que dure el teatro, no pudiéndose calcular en qué tiempo será éste demolido por utilidad astronómica. El éxito es creciente. Poeta y músico reciben puntualmente sus derechos de autores, que no son los mismos, porque la regla de la división es aquello de la escritura: "Muchos son los llamados, pocos los escogidos." Dios recibe oro, Satanás papel.

—Tiene gracia...

—¿Gracia? —gritó él con furia; mas aquietóse luego, y replicó—: Caro Santiago, yo no tengo gracia, yo tengo horror a la gracia. Esto que digo es la verdad pura y última. Un día, cuando todos los libros sean quemados por inútiles, ha de haber alguien, puede ser que tenor, y tal vez italiano, que enseñe esta verdad a los hombres. Todo es música, amigo mío. En el principio era el *do* y del *do* hízose el *re,* etc. Esta copa (llenábala de nuevo), esta copa es un breve estribillo. ¿No se oye? Tampoco se oye el pan ni la piedra, mas todo cabe en la misma ópera.

UN TRATADO SOBRE
"EL LIBRO DE BUEN AMOR"

Mr. Félix Lécoy, profesor del Liceo de Argel, es el autor de un importante estudio sobre el Arcipreste de Hita, estudio que por circunstancias actuales del mundo no ha recibido la atención que merece: *Recherches sur le "Libro de Buen Amor"* (Librairie E. Droz, París, 1938).

La primera parte —"La tradición del texto"— está consagrada a estudiar los manuscritos del *Libro de Buen Amor*, su versificación y su lengua. En todo campea una competencia científica cabal, sin la cual no es lícito tratar de estas materias. En la página 75 dice:

> Desechamos resueltamente en primer lugar, como lo que hemos indicado más arriba, las analogías españolas en las cuales a menudo se ha pensado. La fluctuación rítmica del *Libro de Buen Amor* no tiene nada en común, a nuestro juicio, con la desigualdad silábica de poemas tales como el *Cid* o *Roncesvalles*. Estos últimos textos obedecen a leyes aún misteriosas, y casi no entrevemos sobre cuál base reposa su ritmo.

De existir estas leyes serían a tal punto complicadas que desde luego las diputamos por incompatibles con este género de poesía tan espontánea y popular.

Las piezas líricas de métrica silábica son: el Gozo I de la Virgen, la troba cazurra, las cantigas de serrana, las cantigas de escolares y la cántica II de Loores.

Los trozos líricos de métrica acentual son: el Ave María, la cántica IV de Loores, así como la cántica I (coplas 1668 y siguientes).

Las obras líricas de métrica dudosa son: cántica III de Loores, y los Gozos III y IV. Este grupo de composiciones está sin duda muy influido por la poesía latina medieval.

La segunda parte del libro trata de las Fuentes del Poema. De los veinticinco apólogos *del Buen Amor*, veintiuno se atribuyen a la tradición esópica medieval que, como es sabido, arranca de Fedro. Son de origen oriental: el Ensiemplo de la raposa que come gallinas en la aldea y el cuento *cor cervi vel asini* (versos 893 y siguientes). Al fondo común de cuentos de animales pertenece el "ejiemplo de como el león estaba doliente" (a partir de la copla 82). Y acaso haya que asignarle también procedencia oriental a la fábula de *lupo pedente* (coplas 766 a 779).

Los cuentos del *Libro de Buen Amor* pueden, según Mr. Lécoy, repartirse de este modo: *a*) cuentos morales o *exempla*, como el ermitaño beodo (estrofa 530 y siguientes), el ladrón que hizo carta al diablo de su ánima, y los dos perezosos que querían casar con una dueña; *b*) cuentos para hacer reír: el garzón que quería casar con tres mujeres, y don Pitas Payas, pintor de Bretaña; y *c*) cuentos eruditos: el nacimiento del hijo del rey Alcarez, el mago Virgilio (estrofa 261 y siguientes) y la disputación entre griegos y romanos.

Es notable la probidad crítica de Monsieur Lécoy al declarar que no hay en el *Libro de Buen Amor* influencia directa francesa, pues si el Arcipreste hubiera sabido esta lengua de seguro que habría aprovechado *Le Roman de la Rose*. Nada más absurdo que aquella necia afirmación que recuerdo haber leído en una antología del *Roman* prologada por M. Gorce O. P., que el poema de Juan Ruiz es una servil imitación del *Roman* entre dos series de alabanzas a la Virgen.

La oración preliminar —contra el parecer de Menéndez Pidal— no contiene referencias a una prisión verdadera que haya sufrido el poeta, sino que se trata de un pasaje inspirado en el oficio de agonizantes *ordo commendationis ani-*

mae. La opinión de Lécoy no me parece muy convincente, puesto que no es explicable el verso.

Faz que todo se torne sobre los mezcladores.

Para Lécoy tampoco la descripción del Arcipreste en boca de Trotaconventos es fidedigna. Confesamos, sin embargo, que en ella hay rasgos personales indubitables como (copla 1498):

Sabe los instrumentos e todas juglerías.

El Arcipreste estudió acaso en la escuela episcopal de Toledo, centro universitario de importancia europea a fines del siglo XIII y principios del XIV (V. A. Ballesteros y Beretta, *Historia de España*, II). Así se explica que el *Buen Amor* sea un brote esporádico en España de la poesía goliardesca, tan vinculada con el mundo universitario medieval. Helinando de Froidmont cita a Toledo entre las universidades más famosas: "Ecce quaerunt clerici Parisius artes liberales, Aurelianis auctores, Bononiae codices, Salerni pyxides, Toleti daemones, et nusquam mores". (Tissier, *Bibl. Patrum Cisterseiensium*, VII, p. 257).

Al final del libro que nos ocupa, se estudia el plan del *Buen Amor*, que en sustancia comprende dos episodios centrales (Doña Endrina y la Batalla de Don Carnal y Doña Cuaresma, seguido este último por los Triunfos de Don Carnal y Don Amor), y algunos otros episodios de importancia variable, como la pelea con Don Amor, los amores con la monja, etc. Para Lécoy el libro del Arcipreste, a pesar de su forma original, no es más que un arte de amar. *Buen Amor* debe entenderse en su connotación profana, esto es, amor que se conforma con las delicadas reglas de la cortesía. Está usado por antífrasis.

Cree también Lécoy que el pasaje central de Doña Endrina es una traducción o mejor dicho una paráfrasis del *Pamphilus* realizada en los años mozos del Arcipreste y aprovechada después en el gran poema. De paso añadiré que, contra lo que se asienta en algún nocivo manual de literatura, el *Pamphilus* es una obra de singular mérito que resiste la comparación con su traducción castellana.

TRES APUNTES

Notorio es que las razas del Mediterráneo han revelado siempre un agudo sentido de la perfección, un anhelo persistente de cuanto es calidad. En los españoles se cumple esta ley, pudiéramos decir la ley de la supremacía de la inteligencia, y así por reacción y desahogo crean con vigor insuperable una sucesión de personajes imperfectos y antiheroicos, a partir de los condes carrionenses del poema del Cid. Aparece Trotaconventos, la sapiente doctora de la ciencia de la vida; luego Celestina, diabólica emponzoñadora de inexpertas mocedades; y los tipos del teatro del donosísimo Lope de Rueda: el rufián cobarde, el aldeano simple, el bachiller bellaco, el viejo ladrón. En pos de éstos, Lazarillo y su famélica estirpe, los clérigos avarientos, los hidalgos ayunadores, Pablos de Segovia, con el inmortal licenciado Cabra y el caballero de la Tenaza, el de las donosísimas cartas. Al mismo tiempo, en los tablados de los teatros, los bobos y graciosos de la comedia encarnan todos los vicios de los criados. En el siglo XVIII, la serie prosigue en los sainetes de don Ramón de la Cruz y en las aguasfuertes de Goya. Aun en el mundo galdosiano, recordemos la camarilla de Fernando VII, Pipaón y demás paniaguados. Valle Inclán cierra esta galería de figuras de tapiz con algunos sujetos de sus esperpentos admirables. Quevedo y Goya son los maestros consumados de este realismo supremo.

Lope de Vega. El hecho de dramatizar una tradición es frecuentísimo en la escena española clásica. Apenas hay leyenda española, caballeresca o piadosa, que no sea asunto de una comedia de Lope de Vega. Este creador ilustre del teatro español en su mejor época, sacó a las tablas no sólo las grandes leyendas nacionales de España, cosa que antes de él había hecho el sevillano Juan de la Cueva, sino también las tradiciones menores y de carácter local, que algunas veces aparecen en nobiliarios y centones de cuentos y en no raras ocasiones en cantarcillos, como aquel aprovechado en *El caballero de Olmedo*:

> Esta noche le mataron
> al caballero,
> la gala de Medina,
> la flor de Olmedo.

y aquel otro que barrunta Menéndez y Pelayo:

> Al val de Fuente Ovejuna
> la niña en cabellos baja:
> el caballero la sigue
> de la cruz de Calatrava.

Estudiar el vasto teatro de Lope de Vega es pasar revista a todas las tradiciones y cuentos populares de la España medieval. En ese sentido y con harta justeza llama Menéndez y Pelayo a Lope el heredero universal de la Edad Media. "Su corazón —son palabras de Menéndez Pidal— ha permanecido siempre abierto a la inspiración ingenua y ruda de los humildes: los cantos populares despiertan en él el eco fiel y armonioso de la poesía más profunda."

Tirso y Calderón, a imagen y semejanza de su genial maestro, en algunas de sus obras mejores revisten de forma dramática un cuento popular vetustísimo, y expresan un alto pensamiento teológico o filosófico en fábulas cuyas raíces se pierden en el Mahabharata o en las *jatakas* budistas.

Las sonatas de Valle Inclán. Entre los don Juanes modernos, ninguno tan sugestivo como el Marqués de Bradomín, que rompe con los convencionalismos del género: es feo, católico y sentimental. La calidad imponderable y exquisita de la prosa de Valle Inclán lo reviste de un prestigio indefinible y penetrante como aroma antiguo. Son regalo de nuestra imaginación la vieja ciudad en la Italia papal en que parece detenerse el siglo xviii; el México heroico y exótico, en que se desarrolla la *Sonata de estío*; el fondo bizarro de la guerra carlista sobre el cual se destacan las hazañas casanovescas del arrogante Marqués en la *Sonata de invierno*. Las heroínas son inolvidables. En la Niña Chole está cifrado el hechizo subyugador de nuestra criolla. Y Concha, la pobre Concha de la otoñal Sonata, en su languidez y amor de enferma incurable, es uno de los mayores aciertos artísticos del gran escritor. La adecuación del paisaje con las pasiones y sentimientos hace de las Sonatas obras tersas y perfectas, de las que emana una delicia casi musical para el alma.

UNA NOTA SOBRE GALDÓS

Zumalacárregui. El asunto de esta novela es la guerra carlista, bajo Zumalacárregui, vista desde una vida —la de José Fago— desorientada y a merced de causas exteriores. Sacerdote-soldado, le toca sufrir las alternativas y zozobras que supone esa paradoja.

Las palabras profundas que dan honda significación moral al libro las pronuncia el ermitaño desorejado Borra, venerable santo, españolísimo aun en la independencia de su posición espiritual:

Óiganme, señores míos, y si quieren hacerme caso, bien, y si no también. Yo les digo que la guerra es pecado, el pecado mayor que se puede cometer, y que el lugar más terrible de los infiernos está señalado para los generales que mandan tropas, para los armeros que fabrican espadas o fusiles, y para todos, todos los que llevan a los hombres a ese matadero con reglas. La gloria militar es la aureola de fuego con que el Demonio adorna su cabeza. El que guerrea se condena, y no le vale decir que guerrea por la religión, pues la religión no necesita que nadie ande a trastazos por ella.

¿Es santa, es divina? Luego no entra con las espadas. La sangre que había que derramar por la verdad, ya la derramó Cristo, y era su sangre, no la de sus enemigos. ¿Quién es ése que llaman el enemigo? Pues es otro como yo mismo, el prójimo. No hay más enemigo que Satanás, y contra ése deben ir todos los tiros, y los tiros que a éste le matan son nuestras buenas ideas, nuestras buenas acciones.

Es bellísima esa digresión del bajo trajinar de la guerra civil, esa excursión por una de las vertientes del Murumendi donde vive el solitario, atento sólo a las estrellas y airado para con las guerras y demás errores de nuestra condición.

Fago es también un inocente como Borra, pero sujeto al

ajetreo diario. Cuando su debilísima voluntad dirija sus acciones, huirá a hacerse también ermitaño. Hay algo de Dostoyevski en el Galdós de *Zumalacárregui*. El héroe es vacilante, enfermizo, genial y padece singulares aprensiones. Sigue sin alcanzar a Saloma, una mujer que sedujo y amó antaño. Cree tener telepáticas comunicaciones con el espíritu del generalísimo carlista, y muere el mismo día. El alma de Fago, dolorida y mórbida, busca en incierto giro el amor humano, Saloma. Se refugia en el divino, en sus dos fluctuaciones. Vive pues el conflicto de los dos amores, y el protagonista a veces será capellán ungido por el más puro fervor místico, y otras desatentado perseguidor de una sombra mundana.

La guerra por el pretendiente don Carlos María Isidro levanta estos problemas para los creyentes católicos: ¿hay una guerra sagrada en que sea lícito quebrantar el quinto mandamiento?, ¿las manos ungidas que elevan las hostias pueden disparar contra el prójimo que milita en los ejércitos cristianos? Este mismo problema aparece ya planteado en una novela de la Segunda Serie de los Episodios, *Un voluntario realista*, problema que atenacea en sus arrobos a una de las más femeninas y atrayentes figuras del mundo galdosiano, Sor Teodora de Aransis.

Fago, lo mismo que la aristocrática reclusa de Solsona, y más intensamente que ella, siente lo monstruoso y antitético de ser eclesiástico y soldado; y no hay palabras especiosas que acallen del todo la voz de su conciencia. Asaltado de alucinaciones, ofuscada a veces su razón por la muerte de Ulibarri y por las enfermedades, con ideas fijas como la de encontrar a Saloma, atraído por el genio sobrenatural de Zumalacárregui, es un pobre hombre enfermo que persiguen cruelmente dudas, y es tan real como los personajes de Dostoyevski.

ALGO TODAVÍA SOBRE ROMANTICISMO

René Lalou, célebre crítico francés que tan notables estudios hizo acerca de la literatura de su país en el siglo XIX, y que mostró una inteligente comprensión aun para los poetas más excéntricos y raros, publicó un precioso libro *Prosistas románticos,* con grabados en cobre de Georges Gorvel y capitales en madera de Chapront.

Nuestro excelso Duque Job tuvo sin duda gran afición a los románticos franceses, aun a los de segunda fila; y en las obras de todos ellos precisa a veces rastrear el antecedente de su sensibilidad exquisita, nunca o en muy contadas ocasiones de una imitación directa. Así pues, resulta muy útil para nosotros estudiar el romanticismo en Francia, ya que al igual que Gutiérrez Nájera otros escritores nuestros —como es bien sabido— revelan su influjo.

Mucho se ha discutido sobre lo que debemos entender por clasicismo y romanticismo. Todo movimiento en arte, de acentuada orignalidad, que rechaza en elegante ademán los temas y formas que le ofrece la época, deslustrados por la rutina de las generaciones, es siempre romántico. La rebeldía contra modas gastadas, la aspiración a nuevas corrientes de ideas, todo anhelo de renovación de valores espirituales son románticos. Ya Darío dijo: "¿Quién que es, no es romántico?" Pero romanticismo quiere también decir más concretamente reacción antiintelectualista y mística, contra el neoclasicismo cartesiano; retorno a lo nacional y popular, a las leyendas y arte magníficas de la Edad Media, a los países de ensueño y romance como la España de Merimée y de Gautier, la Italia de Stendhal, la Alemania y el Oriente de Gérard de Nerval.

Romanticismo es también el reflujo contra un arte en

quien tiene demasiado predominio la razón; y que en consecuencia se complace en regiones menos iluminadas de nuestra alma y busca expresión a pasiones exaltadas y extrahumanas y a toda revelación del más desaforado individualismo. "Yo llamo clásico a lo sano —dijo Goethe— y romántico a lo enfermizo."

Curioso por demás resulta ver la serie de las principales figuras del romanticismo francés a través del tamiz de esta crítica tan comprensiva y sutil y que aspira a sintetizar en breves consideraciones el secreto del arte romántico.

Vienen primero los precursores. La baronesa de Staël "funda la primera agencia en que el escritor turista que no quiere salir de París puede hacer poner en sus maletas los sellos de los grandes hoteles europeos". Su misión, sin embargo, fue la de interrumpir el soliloquio literario a que Francia se hallaba entregada desde la muerte del Tasso y de Lope de Vega. Y por virtud de los discutidos libros de la señora de Staël aparecen los metafísicos y los poetas del *Aufklarung*.

Rousseau impuso el tipo del hombre sensible "creándolo fraternalmente, es decir, dejándole ese aire de lacayo cazurro del cual él nunca se vio enteramente exento".

Chauteaubriand, para quien no existe en rigor la humanidad sino como público, pasa lleno de altivez. Con todos sus defectos pueriles es un prosista sin precedente desde Bossuet. "Pintor incomparable, su imperialismo se anexa la naturaleza virgen del Nuevo Mundo así como las ruinas de Roma; reconcilia las dos tradiciones, la de Atenas y la de Jerusalén; e inmortaliza los humildes paisajes de su provincia natal."

René fue el primero de los breviarios que exaltan la infinita disponibilidad de la adolescencia.

Muy pintoresca y representativa es la figura de Benjamín

Constant, que ha sido en nuestros días objeto de apasionadas diatribas y defensas. Su vida fue muy agitada por continuos viajes, alternativas de fortuna, incidentes de la vida política, amoríos, triunfos sociales por ser uno de los conversadores más brillantes de su tiempo, etc. De una gran señora del siglo XVIII, Madama de Charrière, uno de sus primeros amores, adquirió "el odio clásico por las emociones complacientemente exhibidas".

Con una existencia con tantos contrastes y tan rica en todo género de experiencias, se adivina que haya podido escribir en su *Diario* estas sutilísimas palabras: "Yo no soy del todo un ser real."

Su famosa novela *Adolfo* es la historia —muy francesa por cierto— de un mozo que se pierde a consecuencia de amores violentos. Escrita en quince días, constituye en verdad una de las obras maestras de la novela romántica. De ella puede decirse que realiza típicamente la transmutación a que se refiere Barrès en estas líneas:

"Creo que un sentimiento llamado romántico, si es llevado a un grado mayor de cultura, toma un carácter clásico."

CARLOS DÍAZ DUFOO, hijo

> *C'est un devoir à chaque groupe littéraire comme à chaque bataillon en campagne de retirer et d'enterrer ses morts.*
>
> Sainte-Beuve: *Portraits Littéraires*

En los primeros años del siglo aparece en nuestras letras una serie de escritores malogrados —Couto, Gómez Robelo, Jesús T. Acevedo y Carlos Díaz Dufoo, hijo— que nos dejaron breve producción pero de sorprendente calidad y un noble ejemplo de amor exclusivo por la Belleza. Deliberadamente inadaptados al medio ambiente, atentos sólo a un alto designio espiritual. Almas escogidas de la familia del orgulloso Cavalcanti, sus cortas y atormentadoras existencias tienen el matiz de rareza de los *poètes maudits*.

Sus estudios dotaron para siempre, a Díaz Dufoo Jr., de distinción meditativa. Con él muere lo mejor de una generación que se agota en ingrata lucha con el medio poco propicio a las manifestaciones de cultura. ¡Tan loco, tan valeroso, tan nietzscheano, cuantos le tratamos podemos repetir las palabras que de Nerval escribió Gautier: "N'a causé d'autre chagrin à ses amis que celui de sa mort."

Nunca sacrificó en el altar del buen éxito o del oportunismo. Su probidad literaria parece ilustrar estos versos de Villiers de l'Isle Adam:

> *Car l'indifférence est le seul hommage*
> *Dont je suis jaloux.*

Las pequeñas y grandes contrariedades que cada día nos salen al encuentro molestaban tal vez demasiado su hiperestesia de elegido; de aquí ese humorismo despiadado que brota en su obra, pero sólo en sus últimas producciones.

Ninguno de su generación abrigó más serio plan de estudios que él. Como nadie entre nosotros conocía a los Presocráticos, a Spinoza, a los alquimistas de la Edad Media, a Descartes, Locke y Berkeley. "La erudición ultravioleta de mi hijo", decía risueño en alguna ocasión su humanísimo padre. Su dedicación a obras filosóficas explica la inusitada riqueza de ideas en sus breves escritos. Aun a su estilo trasciende este comercio con los pensadores sustanciales. Padeció el horror del verbalismo y frecuentemente vuelca su meditar en centelleantes aforismos. Su expresión es concentrada, límpida. Como muestra copio en seguida su *Epitafio*, tan puro de alardes corintios, en que exalta la vida recatada que amaron los epicúreos.

EPITAFIO

Extranjero, yo no tuve un nombre glorioso. Mis abuelos no combatieron en Troya. Quizá en los demos rústicos del Ática, durante los festivales dionisíacos, vendieron a los viñadores lámparas de pico corto, negras y brillantes, y pintados con las heces del vino siguieron alegres la procesión de Eleuterio, hijo de Semele. Mi voz no resonó en la asamblea para señalar los destinos de la república, ni en los symposia para crear mundos nuevos y sutiles. Mis acciones fueron oscuras y mis palabras insignificantes. Imítame, huye de Mnemosina, enemiga de los hombres, y mientras la hoja cae vivirás la vida de los dioses.

Algunos seres escogidos —*the happy few*, que dijo Beyle— se muestran tenazmente reacios a adaptarse a las condiciones de nuestra vida; desdeñan la baja comodidad, los honores, la posición social encumbrada, y demás desiderata que es dable alcanzar en la tierra. Se refugian en todo lo que puede despicar su sed de infinitud: la música, la filosofía, la existencia desasida y errátil. Nunca pierden su extranjería en nuestro planeta, y sus vidas fugaces y luminosas siguen —al decir de Stefan Zweig— parabólica trayectoria.

Díaz Dufoo Jr. era de esta selectísima familia de espíritus a quienes toda baja realidad hiere de modo punzante, y que terminan por aniquilarse en su ansia vehementísima de infinito.

En *El barco* reacciona con violencia incontenible contra la falsa actitud que sirve a tantos para prosperar. Basta la inminencia de un peligro mortal para que abandonen sus disfraces convencionales y nos muestren sus deformadas almas y su pensar bajo.

He aquí algunos pensamientos de su notable libro *Epigramas* (París, 1927):

Vida magnífica, brillante como Colada, sonora como un peán. Abundante gloria y recuerdo glorioso. Al doblar el cabo de la muerte, el Fundidor de Botones.

La incoherencia sólo es un defecto para los espíritus que no saben saltar. Naturalmente, sólo pueden practicarla los espíritus que saben saltar.

Inmortalidad. Sin apetitos, sin deseos, sin dudas, sin esperanzas, sin amor y sin odio, tirado a un lado del camino, mira pasar eternamente las horas vacías.

Murieron tristes y austeros, dejando tras sí hijos felices y frívolos.

—Un viejo es siempre un rey Lear.
—Un viejo es siempre un Polonio.

—Sé tú mismo.
—Sé lo esencial de ti mismo.

—Yo vendí mi alma por un gran amor.
—Yo vendí mi alma por una actitud irreprochable.
—Yo vendí mi alma por no ser lo que otros eran.
—Yo vendí mi alma por no saber que tenía una alma.
—Yo vendí mi alma por saber si tenía una alma.

Gastó largos años para hacer un estilo. Cuando lo tuvo, nada tuvo que decir con él.

De los libros valen los escritos con sangre, los escritos con bilis y los escritos con luz.

NOTAS SOBRE ALFONSO REYES

Alfonso Reyes nos ofrece un ejemplo de entrega total a su vocación, desde la adolescencia hasta su muerte. Estudiar con perseverancia tenaz; escribir; mostrar a los demás cómo superarse en el cultivo de las buenas letras; divulgar en el extranjero lo valioso de nuestra literatura y de nuestra historia: éstos fueron sin duda los objetivos que dirigieron su vida, la misión espiritual que realizó en sus años de aprendizaje y en los de madurez.

Su obra es tan vasta que satiface gustos diversos. Unos prefieren la *Visión de Anáhuac* o *Ifigenia cruel*; no falta quien está por la *Crítica ateniense* o la admirable *Junta de sombras*; otros estamos por los libros de ensayos diversos, sin desestimar, por supuesto, otros aspectos de su copiosa producción.

Se mueve en una densa atmósfera libresca. No porque le falte la experiencia humana naturalmente, sino porque su mundo es el mundo de las ideas.

La rica producción alfonsina se puede distribuir en períodos: el primero, el de su juventud que se inicia con *Cuestiones estéticas*, libro en que se reflejan lecturas de escritores españoles, y que desde el punto de vista del lenguaje es de los mejores y el más castizo. Después vienen los libros publicados durante su estadía en España y en París (por ejemplo, *El suicida* y *El cazador*, en los que es visible la preocupación filosófica). *El plano oblicuo* que aparece por entonces había sido escrito en México. En Río de Janeiro y en Buenos Aires su producción siguió acrecentándose, lo mismo que cuando retornó a la patria.

Alfonso Reyes y su padre. A. R. nació el 17 de mayo de 1889, año en que se fundó en París la célebre revista literaria *Le Mercure de France* y en que se comenzó a levantar la torre Eiffel. Alfonso escribió en *Tren de ondas* que alguna vez la torre y él tuvieron la misma estatura. Su abuelo paterno nació en Nicaragua. Su padre el general de división don Bernardo Reyes se distinguió al frente del 6º regimiento de caballería, bajo las órdenes del general don Ramón Corona, en la guerra contra el terrible "Tigre" de la Sierra de Álica, el feroz Lozada; fusilado éste, contra sus lugartenientes. El general Reyes hizo una brillante carrera militar; se señaló siempre por su extraordinario valor personal, y como personaje de aliento heroico fue víctima de la fatalidad inexorable. De sobremesa, cierta vez Alfonso me aconsejó que escribiera mis memorias; y añadió: "Yo llevo ya escritos dos tomos de las mías, y todavía no nazco." Uno de estos tomos es *Parentalia*, en que narra hazañas que su padre solía referirle haciendo recuerdos.

El mensaje de Alfonso Reyes. Para el sociólogo Francisco García Calderón —prologuista del primer libro de Alfonso, *Cuestiones estéticas*— "defiende el ideal español, la harmonía griega, el legado latino, en su país amenazado por turbias plutocracias".

Chacón y Calvo, erudito escritor cubano, opina: "... Lección... la del trabajo sin tregua, la de sentir la vida toda cargada de deberes y encontrar en su cumplimiento una profunda alegría."

Octavio Paz lo llama "... el enamorado de la mesura y la proporción, sediento de claridad y armonía, hombre para el que todo, inclusive el amor, la acción y la pasión ética, debería resolverse en equilibrio; sabía que estamos rodeados de caos y silencio".

En mi opinión, la obra de Alfonso es una exhortación a cultivar nuestro intelecto con las más severas disciplinas, una entusiasta excitación a desarrollar y acrecentar nuestra inteligencia en el comercio de la antigüedad clásica y de las principales literaturas modernas para lograr la posesión de una alta cultura, de una cultura de primer orden.

Este propósito fundamental de la obra de Reyes es perceptible en casi toda su producción. Citemos entre otros los *Estudios helénicos*, libro de iniciación y guía para el estudioso.

Su retrato. En cuanto a su "retrato" intelectual, recordemos la respuesta que dio, en una encuesta, a una revista de Bogotá:

...Los fines humanos son, para la Divinidad, sólo medios. De aquí el mal y el dolor. Aceptación estoica.

...La Estética. La escala platónica del deseo desde el apetito hasta la contemplación. Imperioso afán hacia la belleza, y sospecha de que la comprensión es una resultado de hábito en la contemplación.

...La expresión: toda la Poética. Suma voluptuosidad, suma sensualidad, la palabra único verdadero producto humano, único sentido en que el hombre crea, o colabora plenamente con la Creación.

...El orden humano es un orden moral. Todo acierto humano, consciente o inconscientemente, es una investigación hacia el bien.

...La Economía, la Economía Política, la Política. Nunca lo he entendido muy bien. ¿Acaso aquí el anhelo de independencia, de libertad? Libertad, ¿para qué? Para conquistar el ocio. El ocio, ¿para qué? Para trabajar siempre en lo que yo quiera. Y trabajar siempre en lo que yo quiera ¿no será más bien jugar? Tal vez...

...El principio ortodoxo de toda acción; a saber: *1)* rigor en lo esencial; *2)* tolerancia en lo accesorio; *3)* abandono de lo inútil.

...La fábula del astrónomo al revés: ver cada día, donde se va afirmando la planta, y afirmarla bien. Y, en cuanto a la trayectoria del viaje (¡es curioso!), cierto fatalismo, cierta obediencia semejante a la que me permite acatar con sencillez, en mi carrera diplomática, los cambios de país que me ordenan desde México. De aquí el horror de los "manifiestos", "plataformas", "programas" —y hasta de las definiciones como ésta que voy haciendo, que me parecen atentados contra la plasticidad necesaria de mi ser.

Su posición filosófica. Fue un expositor brillante de las doctrinas filosóficas desde Platón hasta Bergson y Husserl. No en balde su estrecha amistad con Antonio Caso, Henríquez Ureña, y Vasconcelos. Spinoza, Descartes, Montaigne, Hobbes, Rousseau, Schopenhauer, qué se yo cuantos más ocupan largo espacio en sus escritos. Sentía horror porque se le definiera, se le clasificara, se le limitara en su pensar. Con todo, no es aventurado afirmar que se inclina al eclecticismo. Oíd esta fábula que aparece en *El cazador*:

Un hombre se propuso un día no tener ideas preconcebidas, no tener prejuicios; y ese mismo día perdió la vista. Al siguiente se colgó de una sola idea, como desesperado, y fundó en ella todo su sistema del mundo: y siguió a ciegas. Al tercer día meditó en sus dos experiencias. Y como al hacerlo tuviera que confrontar la desconfianza en todas las ideas —de la antevíspera— con la fe en un sola idea —de la víspera—, recobró súbitamente la vista.

"¡Eureka! —salió gritando por la calle—, y de hoy más mi ojo derecho se llamará dogmatismo, y mi ojo izquierdo escepticismo."

Alfonso fue un autor que deslumbraba al lector con la pirotecnia de su inteligencia siempre alerta y activa: con las innumerables referencias a toda suerte de lecturas; con la avalancha de sus oportunas citas. En el mundo de las ideas descubre relaciones nuevas e insospechadas, sin fatiga y en un juego que tiene mucho del arte del prestidigitador. No en balde se titula uno de sus libros *Árbol de pólvora*.

Escritor de la familia espiritual de Sainte-Beuve, el gran crítico europeo del siglo XIX. Sus impresiones directas de las cosas despiertan resonancias de sus amplias lecturas. Fue un escritor *libresco*, sin que esta palabra implique nada de peyorativo o de censurable. Toda idea trae en él el recuerdo de otras semejantes que halló en sus autores predilectos, que son legión. Es un tipo de escritor que sólo se produce en los ambientes literarios más doctos, en los países de cultura más refinada. En su formación intelectual colaboran no únicamente nuestra Metrópoli, en las últimas etapas del modernismo, cuando el nivel de cultura literaria era superior al que hoy priva, sino también el Madrid del segundo decenio del presente siglo, el Buenos Aires anterior al peronismo, y el Río de Janeiro "foco vivaz de pensamiento", que dijo Rubén Darío.

Su prosa. Emilio Oribe, al saber la muerte de Alfonso ha exclamado: "Ya nunca se volverá a dar en castellano una prosa tan atrayente, engañosa y veraz, como frágil y enigmática."

¿Qué operación de magia realizaba para investirla de una calidad tan rara y preciosa?

Cómo trabajaba. De Stendhal se cuenta que apuntaba los pensamientos que le ocurrían, aun en las mangas de la camisa, cuando no tenía a mano un pedazo de papel. En *El cazador* dice Reyes:

 Esta tarea de ir apuntando cada uno de nuestros fugaces pensamientos ofrece el riesgo de todos los "narcisismos", conduce a la desesperación y a la muerte. Quien a toda hora escribe lo que dice o lo que piensa decir, acaba por considerar la "nota" como el objetivo supremo de su vida y por enamorarse de todas sus ideícas. Ya no piensa, no habla, no escribe, sino en vista de su libro de notas. Y menos mal si se trata de una mente desordenada, que se regocija en su desorden... Olvidará el comer y el dormir. ¡Ay del que clasifica palabras— (y figuraos que, en cierto modo, la humanidad nunca ha hecho otra cosa).

Muchos años después, en *Ancorajes* rectifica estas apreciaciones sobre el valor de los libros de notas:

Tú, en cambio, hostigado de ideas y de motivos, a cada instante te aíslas para fijar un rasgo, una sugestión, una palabra.

Alfonso era un escritor que administraba tan perfectamente sus extraordinarias facultades creadoras, que alguna vez me mostró un baúl mundo que usaba en sus viajes, lleno de pequeños compartimientos para guardar y clasificar las apuntaciones que fuera registrando su continuo e intenso pensar. Su vida es digna de ejemplo. Su dedicación a las letras, su entrega total a ellas, duró hasta el fin de sus días.

LOS AMIGOS DE ALFONSO. Lo fueron todos los miembros del Ateneo de la Juventud, incluyendo a los poetas Roberto Argüelles Bringas y Rafael López, hoy injustamente preteridos por la boga de López Velarde. Sus amigos predilectos, además de Antonio Caso y de Henríquez Ureña, fueron el arquitecto Jesús T. Acevedo, a quien consagra un sentido artículo en *Simpatías y diferencias* (*Notas sobre Jesús T. Acevedo*), Ricardo Gómez Robelo, a quien menciona alguna vez, y Martín Luis Guzmán. En los comienzos de su carrera literaria influye en sus lecturas el egregio bardo colombiano Ricardo Arenales (que se llamó antes Miguel Ángel Osorio, y después Porfirio Barba Jacob). En los años de la madurez, además de los citados, Luis

G. Urbina, Nervo, González Martínez, Enrique Díez-Canedo, Gabriela Mistral, Amado Alonso. Yo mismo disfruté largamente de su amistad y bondades.

El ensayista. Se quejaba siempre de que se le elogiaba sin leerle. Sucedía esto —y es más explicable— respecto de los tratados extensos como *El deslinde* (en que aísla el concepto de lo literario, segregándole especies adventicias) y en colecciones de sustanciosos artículos como *Junta de sombras*. Menudean hoy las menciones de la *Visión de Anáhuac* y de la *Ifigenia cruel*, tan admirables, pero apenas si se recuerdan sus escritos más personales, donde se reflejan mejor su gran talento e ingenio: las crónicas periodísticas (recogidas en colecciones como *Simpatías y diferencias*); sus ensayos críticos, sus impresiones de viaje (así *Las vísperas de España*); sus recuerdos literarios (del tipo de *Pasado inmediato*), como las *Burlas veras*. La dispersa *Historia documental de mis libros* que recogió *Revista de la Universidad* es una autobiografía imprescindible.

En Reyes además del ensayista y notable prosista merece atención el poeta, nada desdeñable; el crítico con preferencias por Góngora, Goethe y Mallarmé; el evocador de nuestro pasado en *Visión de Anáhuac*; el tratadista de Estética, en *El deslinde*, en *La antigua Retórica* y en *La crítica en la Edad ateniense*; el traductor del delicioso *Viaje sentimental* de Sterne, y de libros del humorista católico Chesterton. La producción literaria es tan variada como sorprendente no sólo por su valor intrínseco sino por su vastedad. La personalidad literaria de este escritor es verdaderamente proteica.

Otras actividades. Además de la copiosa producción de libros, ejecutó útiles trabajos. Citemos algunos: para la Biblioteca Nueva, de Madrid, dirigió la edición de Obras Completas de Amado Nervo (en 28 volúmenes). Le auxilió eficazmente desde aquí Genaro Estrada que hacía copiar las colaboraciones del bardo nayarita en diversas revistas. Paleografió el Manuscrito Chacón de las poesías de don Luis de Góngora, para la edición definitiva que hizo el sabio francés Reymond Foulché-Delbosc. Regentó desde su fundación La Casa de España en México, editora de importantes obras; y más tarde el Colegio de México. A la muerte de Amado Alonso asumió la dirección de la *Nueva Revista de Filología Hispánica*, que tanto honor ha traído de los filólogos del mundo para nuestro país.

RECUERDOS DE
PEDRO HENRÍQUEZ UREÑA

Le traté por largo tiempo y fui uno de sus amigos íntimos en dos épocas en que vivió en México. La segunda lo frecuenté menos; así que estos recuerdos se refieren a la primera, y acaso a la mejor versión del crítico dominicano.

Era de una bondad inagotable. Éste me parece uno de sus rasgos característicos. A menudo ocurrían sus amigos a leerle manuscritos y a consultarle aun en horas que todos dedicamos al sueño. Medio dormido, vencido por el cansancio, pero siempre benévolo y cordial, aprobaba o hacía objeciones, entre ronquidos. Si el desconsiderado amenazaba con irse y volver al siguiente día, Pedro aclaraba, siempre con los párpados cerrados y entre dos sueños:

—Sigue leyendo, no estoy dormido.

Por una larga temporada acudía a despertarlo uno de tantos jóvenes discípulos. Llegaba a las seis o las siete de la mañana, cuando Pedro a veces acababa de acostarse. Así emprendían juntos la lectura de la *Ética* de Spinoza, mientras yo, que por entonces vivía en la misma casa, me encaminaba a la Facultad, a escuchar al maestro don Julio García o a don Victoriano Pimentel, insignes jurisperitos.

Otro rasgo suyo era su inteligencia clarísima, de primer orden. Cuando me daba algún consejo o me comunicaba alguna observación útil, le hacía yo sonreír, agradeciéndolo con un verso de Boileau:

L'amitié d'un critique est un bienfait des dieux.

Era muy aficionado a formar por pasatiempo listas: de los veintisiete nombres de la aritocracia intelectual de España, de los nueve o diez (no recuerdo bien) de las gentes de más valer espiritual en México; los veinticinco libros esenciales de la literatura hispano-americana; las cien poesías mejores de la lírica mexicana... Cuántas veces, de sobremesa, nos entregábamos a este juego en que lucía él su saber y su certero juicio.

Con su infinita paciencia para soportar toda clase de importunos y molestias se revelaba en él una especie de santidad laica, más bien de tipo protestante que católico. En una ocasión un Ministro del Gabinete obtuvo del Presidente de la República Victoriano Huerta el cese de su modesto empleo en la Secretaría de la Universidad y de sus cátedras. Antonio Caso, Alfonso Reyes y yo le llevamos la noticia a la antigua Escuela de Altos Estudios, donde a la sazón disertaba sobre alguna comedia shakespeariana. Lo llamamos aparte unos instantes, y le hicimos saber ex abrupto la injusticia de que se le hacía víctima. Quedó impertérrito. Hizo un vago gesto de "ya me lo esperaba" o de "todo sea por Dios" y prosiguió su clase risueño y alentado. Caso, muy conmovido, dijo refiriéndose al Ministro, malqueriente de Pedro, esta frase o alguna parecida, según recuerdo: "Debía contrarrestar con intuiciones sus pasiones violentas."

Henríquez Ureña era la sociabilidad misma. Nadie gozaba como él de los problemáticos placeres que procuran las reuniones y tertulias. Allá por 1910 solíamos pasar juntos algunas impagables horas los que cultivábamos las letras y el estudio: dos o tres veces por semana con Caso; algún domingo por la tarde en casa de Isidro Fabela; una que otra mañana en la de Luis G. Urbina, que mientras se vestía iba pausadamente afirmando conceptos profundos. A ninguno de estos *symposia* fue ajena la contagiosa cordialidad de Henríquez Ureña, como no lo fue tampoco a la fundación del Ateneo de la Juventud. Las sesiones de éste eran semanarias, los miércoles, en un salón de la Facultad de Jurisprudencia que nos proporcionaba el excelente don Pablo Macedo. Cenábamos después en alguna fonda a la moda, *Bach* o *El León de Oro*. Hablaban de todo, con sabiduría y finura espiritual, nuestros malogrados amigos Ricardo Gómez Robelo, Rafael López, Jesús T. Acevedo, Eduardo Colín y Mariano Silva; y otros que son la honra y prez de nuestra intelectualidad como Alfonso Cravioto, Ángel Zárraga, José Vasconcelos, Alfonso Reyes, el doctor González Martínez y Carlos González Peña. Entre tan competentes hombres de letras y nobles ingenios, Pedro intervenía en la conversación para mantenerla en su tensión y brillo, para llevarla a temas interesantes, para evitar que se despeñara por el derrumbadero de lo meramente anecdótico y trivial.

A las veladas en la biblioteca de Antonio Caso me llevaba Pedro de cuando en cuando. Allí encontré siempre a mis amigos José Vasconcelos y Alfonso Reyes, y se trataron temas filosóficos. Una vez se hablaba del *Fedón* y de los argumentos de Sócrates sobre la inmortalidad del alma. Pedro parece que la sostuvo también, sólo que el alma después de nuestra muerte aligeraba su lastre y se veía libre de lo individual; y su inmortalidad era de una suerte de que no podemos en esta existencia formarnos cabal idea. Otra noche se trató de si el Universo tiene un centro; Vasconcelos opinó que sí, pero he olvidado sus razones. Otro día se habló de don Justo Sierra, y Caso exaltó sus cualidades críticas. Nos leyó al efecto el excelente prólogo de don Justo a las poesías de Gutiérrez Nájera. Leímos también esa noche uno de los últimos discursos del gran historiador y maestro.

Su larga permanencia en Estados Unidos y su saber de literaturas nórdicas habían engendrado en él cierto despego por Roma y Francia. Precisamente su espíritu evolucionaba en los años en que le traté a una comprensión mejor de la Latinidad y de las culturas fundamentales del Mediterráneo. Ni Anatole France ni los simbolistas le atraían por entonces, así como una de sus limitaciones —inevitables de todo gran espíritu como el suyo— eran Cicerón y Horacio. Esto se apreció, más que en él, en sus amigos y discípulos.

Pedro era muy hábil en dirigir a los jóvenes y en despertar en ellos anhelos de mejoramiento intelectual. Todo el mundo estudiaba y se cultivaba a su alrededor. Después de conversar con él, aceleraba uno el ritmo de sus lecturas y volvía a su sotabanco lleno de nuevas curiosidades y proyectos intelectuales. Ejecutaba habitualmente este milagro Henríquez Ureña.

Vivía entre sus discípulos —es necesario confesarlo— en un mundo de pasión. Naturalmente que si estábamos incluidos en las "listas" del Maestro y habíamos obtenido implícitamente su aprobación nos sentíamos con la celebridad en el bolsillo. Pero si se nos omitía —sus omisiones eran desgraciadamente siempre deliberadas y cuidadosamente establecidas— se enfurecía el suprimido y se convertía en virulento detractor. Cerca de sí no había sino devotos y maldicientes. Lo mejor era situarse a cierta distancia.

Pedro representó entre nosotros, y en una época decisiva para la cultura del país, la seriedad de la carrera literaria, la aspiración a un saber de primera mano, la afición por las letras clásicas, por lo griego y por lo español sobre todo. Sus escritos, con serlo tanto, son menos valiosos que su influencia personal en la juventud de hacia el segundo decenio de este siglo.

RAFAEL LÓPEZ

De los poetas jóvenes que se destacan en los últimos años de *La Revista Moderna de México*, ninguno de tan alto valer como Rafael López, olvidado como Efrén Rebolledo y Manuel de la Parra por Federico de Onís en su *Antología*. El culto exclusivo a López Velarde ha arrojado cierta sombra de olvido para el bardo guanajuatense.

Algún crítico nuestro ha notado la excelente técnica del autor de *La bestia de oro*, rasgo común a los poetas modernistas mexicanos. No en balde sintetizó su estética así:

>...en los bloques duros de la propia vida
>buscaré sin tregua los versos perfectos.
>
>(*Los versos indemnes*).

Experimentó —como todos sus contemporáneos— el influjo del gran Darío. Y el de Lugones (así en *Leyenda*). Y el fecundo de Baudelaire (al par que el mismo López Velarde). No puede exigirse más ilustre prosapia.

Sus poemas refulgen y deslumbran, con imágenes intensamente luminosas. No sin significación intituló su libro *Con los ojos abiertos*. Campea en él un vivo sentimiento de modernidad y cosmopolitismo, en que predomina en cierto modo la gracia de Francia. Cantó las fugaces alegrías de esta ruta breve y negra. Y hay algo de horaciano y aun de anacreóntico en sus lindos poemas amatorios. No exento de melancolía, preconiza la sabiduría epicúrea:

>La ruta es breve... tiende las manos presurosas,
>y ciñe, con guirnaldas de entretejidas rosas,
>los cuellos de las horas que pasan fugitivas.

Su arte —como el de Manuel M. Flores y el de Efrén Rebolledo— se emplea en realzar el hechizo femenino, logrando imponderables aciertos como *A luchar, Huelen tus dieciocho años a mejorana,* y tantos más. Y consagró poemas magníficos a la patria y a sus gloriosos héroes en *Vitrales patrios.* Pagó tributo a las montañas de Guanajuato, a cuya sombra nació nuestra independencia. Su soneto a la Virgen de Guadalupe recoge baudelerianas esencias.

Los que fuimos sus amigos siempre rememoraremos su elegante y despreocupado vivir, su epicureísmo, su aristocrático desdén por lo vulgar y cotidiano, la gracia incomparable del epigrama que se escapaba de continuo de sus labios.

SEMBLANZA DE DON JUSTO SIERRA

Personaje de gran autoridad entre historiadores, filósofos, poetas y hombres de letras en general. Es el literato más cabal y más respetado y admirado por los intelectuales mexicanos de los comienzos del presente siglo. Lo envolvía —dijéramos— una atmósfera, un halo de respetabilidad.

Prosista elegantísimo, orador elocuente; historiador que fijó con clarividencia y patriotismo las corrientes y valores de nuestro pasado, sobre todo de nuestro pasado reciente o sea el siglo xix; lector infatigable que estaba al día en la copiosa producción literaria de Francia, España, Italia y de la América Latina; expositor de ideas y sistemas sólo comparable con Montalvo y José Enrique Rodó.

Por su saber literario, por su dominio del oficio de escritor, por su influencia cultural en los demás, tan benéfica y estimulante, pocos se le equiparan en nuestra literatura: don Ignacio Ramírez, Riva Palacio, don Joaquín García Icazbalceta, Altamirano.

Despertaba por su trato perfecto de gran señor, por su ciencia literaria, por su jovialidad elegante y oportuna, y principalmente por su inagotable bondad, entrañables amistades como la que le profesó el poeta Luis G. Urbina que le dedicó todos sus libros, en vida de don Justo y después de muerto.

En todo tiempo, aun antes de ser Ministro de Instrucción Pública y Bellas Artes, se rodeó de los mejores escritores y artistas, pedagogos e historiadores. Mencionaré a algunos de ellos, además de su Secretario Particular, Urbina, notable prologuista de la *Antología del Centenario*: los poetas Rafael López, José Juan Tablada, que casó con una sobrina de don Justo. Casó con otra Jesús Urueta, nuestro elegantísimo orador. Los injustamente olvidados poetas Roberto Argüelles Bringas y el durangueño Manuel de la Parra, entiendo que también fueron protegidos del Maestro Sierra. Esta enumeración —por incompleta que sea— hay que iniciarla con el nombre glorioso de don Ezequiel A. Chávez, su colaborador más cercano, fiel y laborioso y de muy amplios conocimientos, que sobresalió como pedagogo, psicólogo y crítico literario. Otros pedagogos fueron don Miguel F. Martínez, el doctor Alfonso Pruneda, don Leopoldo Kiel, y los directores de la Escuela Nacional Preparatoria: el eximio doctor Porfirio Parra y el también doctor Manuel M. Flores, a quien no hay que confundir con su homónimo el lírico de *Pasionarias*. Arqueólogos como Batres e historiadores como don Carlos Pereyra y don Luis González Obregón fueron sus allegados. En el Liceo Altamirano, en la Academia Mexicana de la Lengua Correspondiente de la Española, entre los altos funcionarios del Gobierno tuvo amigos entrañables como el humanista y mecenas don Joaquín D. Casasús, el eminente don Pablo Macedo, y otros muchos.

Con los exiguos recursos de la Secretaría de Instrucción Pública de entonces, o a lo menos con su amistad y consejo, ayudó a muchos artistas como los músicos o musicógrafos Gustavo E. Campa, el maestro Carlos J. Meneses, Elórduy, Ricardo Castro, Rubén M. Campos, Manuel M. Ponce, entre otros; y los pintores Mateo Herrera, Germán Gedovius, Joaquín Clausell, Gerardo Murillo (Doctor Atl), Leandro Izaguirre, Jorge Enciso, Roberto Montenegro, etc. Arquitectos también: Federico Mariscal, Jesús T. Acevedo, Luis R. Ruiz, Carlos y Manuel Ituarte, este último muy notable.

El Maestro Sierra echó los cimientos de la organización escolar de México y esta obra se coronó en 1910 con la creación de la nueva Universidad Nacional que ha hecho reflorecer los laureles y prestigio de la Real y Pontificia. Los ministros de Educación José Vasconcelos, Ángel Ceniceros, Torres Bodet y demás han laborado a partir de las realizaciones culturales del Maestro, como éste siguió en algún modo las huellas de don Gabino Barreda.

Valiosa por todo extremo es su producción en el campo de la historia. Nada desdeñable son los libros destinados a la enseñanza como la breve *Historia patria* y la *Historia universal*, libros que reeditamos en el Departamento Editorial de la Secretaría bajo el gran ministro José Vasconcelos. Pero el libro supremo es sin género de duda *Juárez: su obra y su tiempo* por la brillantez de su estilo, por la sutileza de los análisis psicológicos, por la actualización de los sucesos en sus múltiples causas y en su complejidad de aspectos. Por estos motivos procede de Tácito, y entre los historiadores mexicanos del siglo XIX sólo pueden equiparársele don Lucas Alamán y los autores de *México a Través de los Siglos*.

El excelente periodista y cronista de la época don Carlos Serrano, Secretario del Secretario Particular, que vivió muchos años cerca del Maestro, y que pasaba en limpio sus escritos, asienta y confirma este rasgo de su carácter, su extremada bondad:

Muchas veces, con el poeta Urbina, lo oí en la intimidad de sus conversaciones, protestar contra la maldad de los hombres, pero jamás escuchamos de sus labios una frase de odio. Sabía perdonar todas las ofensas.

Y más adelante:

...lo miro en el instante en que, restando unos pocos pesos a su modesto presupuesto personal, dejaba en las manos temblorosas de tres ancianas, que venían a esperarlo todos los sábados, algo con que pudieran aligerar su pobreza.

A uno de sus allegados le oí contar que en una ocasión atrapó en el interior de su casa a dos ladrones. Llamó a su hijo Justo y le ordenó:

—Hazlos salir por la puerta de servicio... y échales en el bolsillo esos pesos.

Frecuentemente veía a don Justo cuando estudiaba yo leyes en la Escuela de Jurisprudencia. Siempre de levita y chaleco blanco, se encaminaba a la Secretaría de Instrucción Pública o salía de ella, sita a la sazón en el magnífico palacio neoclásico en la esquina de Cordobanes y Primera Calle del Reloj. Otras veces le vi atravesando a pie nuestra gran Plaza Mayor. De su coche sólo supe que lo tenía cuando, al dejar de ser Ministro, lo vendió, señal inequívoca de su acrisolada honorabilidad.

Una sola vez le vi de cerca. Fuimos en comisión a invitarle en 1910 a una serie de conferencias con que el Ateneo de la Juventud conmemoró el primer centenario de la proclamación de nuestra Independencia. Presidía la comisión nuestro brillante filósofo Antonio Caso, a quien don Justo tenía en gran estima, merecidísima por cierto. Pedro Henríquez Ureña y Alfonso Reyes —egregios amigos inolvidables— y yo, estudiantillo del tercer año de la carrera de abogado, completábamos la comisión. El Ministro nos recibió desde luego; y tras breve conversación y algún rasgo de buen humor aceptó la invitación. En efecto, presidió la primera conferencia de Caso sobre la Filosofía Moral de don Eugenio M. de Hostos y la inauguró con breve y afectuoso discurso. Le acompañaron su Secretario Particular el poeta Urbina y don Telésforo García. La segunda fue presidida por don Ezequiel A. Chávez y las demás por don Pablo Macedo, Director de la Escuela Nacional de

Jurisprudencia, que sufragó los gastos de impresión de dichas conferencias y a quien fueron dedicadas por el Ateneo. La última fue honrada con la presencia de doña Laura Méndez de Cuenca.

Por entonces me tocó en suerte escuchar, en el Anfiteatro Bolívar, el magnífico discurso en la fundación de nuestra casa de estudios. Su voz grave y pausada era muy grata al oído, y sus palabras escuchadas con admiración profunda por un auditorio integrado en su mayor parte por distinguidos profesores de las primeras universidades del mundo.

Años después conocí en casa de mi distinguido y muy caballeroso amigo Justo Sierra, hijo, a doña Lucecita Mayora, primera normalista entre nosotros en graduarse. Por cierto que le oí referir que en su examen profesional vio por primera vez a don Justo, que habría de ser su esposo.

ÍNDICE

I. Ensayos y poemas

A Circe	9
El maestro	10
El mal actor de sus emociones	11
Del epígrafe	12
La conquista de la luna	13
La oposición del temperamento oratorio y el artístico	15
La vida del campo	17
En elogio del espíritu de contradicción	18
De una benéfica institución	22
De funerales	23
Beati qui perdunt...!	24
Caminaba por la calle silenciosa	32
El ensayo corto	33
La balada de las hojas más altas	35
De la noble esterilidad de los ingenios	36
Era un país pobre	38
Xenias	42
Fantasías mexicanas	43
El raptor	44

El abuelo 45
Vieja estampa 46

II. De fusilamientos

De fusilamientos. 49
Para aumentar la cifra de accidentes 51
La amada desconocida 52
La Gloriosa 54
La humildad premiada 56
El descubridor 57
El héroe 58
Mujeres 60
El celoso 61
Anywhere in the South 66
La feria 68
Plautina 70
La cocinera 71
Los unicornios 73
Estampa 75
Le poète maudit 76
Gloria Mundi 77
Almanaque de las horas 82

III. Prosas dispersas

Fantasías

El poeta Efrén Rebolledo	97
Mutaciones	99
Noche mexicana	101
Oración por un niño que juega en el parque	102
Balada de las tres hijas del buscador de oro	103
El vagabundo	104
Muecas y sonrisas	106
'Tis pity she's a whore	109
La ingrata	110
La bicicleta	111
Labios que hoy besamos	113
Lucubraciones de medianoche	114
Meditaciones críticas	119

Artículos

Marcel Proust	129
Monsieur Le Trouhadec caído en el libertinaje	133
Odiseo, Simbad y Róbinson	136
Machado de Assis	140
Un tratado sobre *El libro de Buen Amor*	146
Tres apuntes	150

Una nota sobre Galdós 153
Algo todavía sobre romanticismo 155
Carlos Díaz Dufoo, hijo 158
Notas sobre Alfonso Reyes. 162
Recuerdos de Pedro Henríquez Ureña . . . 170
Rafael López. 174
Semblanza de don Justo Sierra 176

Este libro fue impreso y encuadernado en empresas del grupo Fondo de Cultura Económica. Se terminó de imprimir el 23 de diciembre de 1983 en los talleres de Lito Ediciones Olimpia, Sevilla 109, 03300 México, D. F. Se encuadernó en Encuadernación Progreso, Municipio Libre 188, 03300 México, D. F. El tiro fue de 70 mil ejemplares.

Diseño y fotografía de la portada: *Rafael López Castro.*

LECTURAS MEXICANAS

1
CARLOS FUENTES
La muerte de Artemio Cruz

2
JUAN RULFO
El Llano en llamas

3
MIGUEL LEÓN-PORTILLA
Los antiguos mexicanos
a través de sus crónicas y cantares

4
OCTAVIO PAZ
Libertad bajo palabra

5
RODOLFO USIGLI
El gesticulador
y otras obras de teatro

6
ROSARIO CASTELLANOS
Balún Canán

7
FERNANDO BENÍTEZ
La ruta de Hernán Cortés

8
RAMÓN LÓPEZ VELARDE
La Suave Patria
y otros poemas

9
EDMUNDO VALADÉS
La muerte tiene permiso

10
ALFONSO CASO
El pueblo del Sol

11
JOSÉ VASCONCELOS
Ulises criollo
Primera parte

12
JOSÉ VASCONCELOS
Ulises criollo
Segunda parte

•

13
JOSÉ GOROSTIZA
Muerte sin fin
y otros poemas

•

14
ALFONSO REYES
Visión de Anáhuac
y otros ensayos

•

15
AGUSTÍN YÁÑEZ
La tierra pródiga

•

16
GUTIERRE TIBÓN
El ombligo como centro erótico

•

17
JULIO TORRI
De fusilamientos
y otras narraciones

18
CHARLES BRASSEUR
Viaje por el istmo de Tehuantepec
1859-1860

•

19
SALVADOR NOVO
Nuevo amor
y otras poesías

•

20
SALVADOR TOSCANO
Cuauhtémoc

•

21
JUAN DE LA CABADA
María La Voz
y otras historias

•

22
CARLOS PELLICER
Hora de Junio y Práctica de vuelo

•

23
MARIANO AZUELA
Mala yerba y Esa sangre

24
EMILIO CARBALLIDO
Rosalba y los Llaveros
y otras obras de teatro

25
Popol Vuh

26
VICENTE T. MENDOZA
Lírica infantil de México